KB142015

사람의 마음을 사로잡는 데는 딱 한 줄이면 충분합니다.

당신의 비즈니스 역량에 이 책이 화룡점정이 되길 바랍니다.

______________ 님께

______________ 드림

BUSINESS WRITING

비즈니스 BUSINESS WRITING 문장술

호리우치 노부히로 지음 | 김희숙 옮김

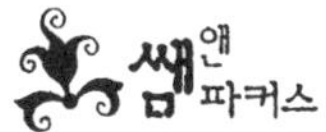

프로페셔널의 조건 2

비즈니스 문장술

2009년 9월 15일 초판 1쇄 발행
지은이 · 호리우치 노부히로 | 옮긴이 · 김희숙

펴낸이 · 박시형
책임편집 · 권정희, 남연정 | 표지 디자인 · 서혜정 | 본문 디자인 · 백주영

경영총괄 이사 · 이준혁 | 기획편집 실장 · 이은정
디자인 · 김애숙, 백주영, 서혜정, 윤안나 | 출판기획 · 고아라, 김이령
마케팅 · 권금숙, 김명래, 김석원, 김영민
경영지원 · 김상현, 이연정
펴낸곳 · (주) 에스에이엠티유 | 출판신고 · 2006년 9월 25일 제313-2006-000210호
주소 · 서울시 마포구 동교동 203-2 신원빌딩 2층
전화 · 02-3140-4600 | 팩스 · 02-3140-4606 | 이메일 · info@smpk.co.kr

ISBN 978-89-92647-76-2 (03320)
978-89-92647-74-8 (세트)

• 쌤앤파커스는 (주)에스에이엠티유 미디어 사업본부의 출판 브랜드입니다.
• 잘못된 책은 바꾸어 드립니다. • 책값은 뒤표지에 있습니다.

쌤앤파커스(Sam&Parkers)는 독자 여러분의 책에 관한 아이디어와 원고 투고를 설레는 마음으로 기다리고 있습니다. 책으로 엮기를 원하는 아이디어가 있으신 분은 이메일 book@smpk.co.kr로 간단한 개요와 취지, 연락처 등을 보내주세요. 머뭇거리지 말고 문을 두드리세요. 길이 열립니다.

마음을 사로잡는 데는 딱 한 줄이면 된다

2003년 8월.

나는 벼랑 끝에 서 있었다.

서른 살에 프리랜서로 독립하고 나니, 그동안 매출의 30%를 올려주던 주 고객인 광고대행사가 갑자기 폐업.

그 구멍을 메우기 위해 시작한 지역정보지 사업도 생각만큼 광고를 확보하지 못해 3호로 폐간.

거기다 너무 낮은 원고료 때문에 고객과 가격 인상을 협의하던 일도 협상 결렬로 중단.

뭘 해도 제대로 풀리지 않는 상황 속에서 일거리는 점점 줄어들어가고 느는 건 빚뿐. 한마디로 그 당시 나는 인생의 밑바닥을 헤매고 있었다.

2008년 2월.

나는 연단 위에 서 있었다.

지푸라기라도 잡는 심정으로 창간한 글쓰기 관련 '메일 매거진' 구독자 수가 지금은 5,000명을 넘었고, 독창적인 명함을 소개하는 블로그의 방문 횟수는 총 30만 회를 돌파했다.

거기다 내가 쓴 책은 이번으로 일곱 권째가 되었고, 세미나 강사로서 단상에 선 것은 63회를 넘었다.

이렇게 나 자신도 믿기 어려울 정도로 극적인 변화가 불과 4년 반 만에 일어났다.

어떻게 이렇게나 변할 수 있었던 것일까?

그건 내가 '뭔가'를 깨달았기 때문이다.

그리고 그 '뭔가'를 깨닫는 계기는 바로 인생의 밑바닥에 있을 당시 창간했던 메일 매거진이었다.

지금도 분명히 기억한다. 창간호를 보내고 난 직후였다. '나가노진'이라는 닉네임을 쓰는 어떤 분이 메일 매거진의 어떤 점이 좋았는지를 쓴 이메일을 보내왔다. 마지막에는 이런 격려의 한마디가 덧붙여져 있었다.

"기대하고 있으니 앞으로도 힘내주십시오!"

감동이었다. 정말 눈물이 날 정도로 기뻤다. 아니, 실제로 기뻐서 눈물이 났다. 이렇게 빨리 독자로부터 응원을 받게 될 줄은 생각지도 못했다.

매거진을 받아보고 그저 '좋은 내용이군. 내게 도움이 되겠어'라고 생각하고 지나칠 수도 있는데, 그분은 일부러 시간을 내어 나를 격려해준 것이다. 일면식도 없는 그분의 마음씀이 내게는 너무나 큰 힘이 되었다.

이 한 통의 이메일 덕분에 '말의 힘'을 몸소 체험한 나는 그 감동에 자극받아 상대방을 감동시킬 수 있는 글쓰기 방법을 실천해보기로 마음먹었다.

당시 나는 메일 매거진에 "다음 4개에 공통으로 들어가는 한 자는? 靑○, ○舍, ○樂, 水○" 같은 한자 퀴즈를 싣고 있었다.

이걸 이용해 독자들과 소통할 방법이 없을까 고민한 끝에, 아주 단순한 아이디어가 떠올랐다. 정답을 보내준 독자들에게 답장을 보내는 것이었다.

나는 독자들로부터 받은 정답 메일을 꼼꼼하게 체크해서, 칭찬할 만한 부분에 대해 썼다.

예를 들어 문장을 알기 쉽고 매끄럽게 쓴 분에게는 "글을 참 잘 쓰시네요. 혹시 저랑 같은 업종에 종사하시나요?"라고, 나가노에 살고 있는 분에게는 "나가노에는 전에 한번 가본 적이 있는데, 참 좋은 곳이더군요."라고 코멘트를 덧붙여 답장을 보냈다.

물론 개중에는 정답 메일에 적힌 내용만으로는 정보가 너무 적어서 칭찬할 만한 포인트가 없는 경우도 있었다. 그럴 때는 하다못해 이름이나 이메일 주소라도 칭찬해주었다.

"사쿠라기, 멋진 이름이네요!"

"'bigdream'이라는 이메일 주소가 정말 근사하네요. 그냥 막 지은 이름이 아니군요."

이런 코멘트를 써서 답장을 보내면, 60% 정도가 다시 답장을 해주었다.

그리고 그게 인연이 되어 계속해서 이메일을 주고받거나, 퀴즈에 꾸준히 응모해주면서 점점 가까워지게 되었다. 나아가 내 책을 사주시는 분, 세미나에 참석해주시는 분까지 생기게 되었다.

이런 식으로 나는 나처럼 메일 매거진을 발행하는 여러 사람들과도 친해질 수 있었다.

메일 매거진 독자수를 늘리는 방법 중 하나로, 서로의 메일 매거진을 소개하는 '상호 소개'라는 것이 있다. 나는 "상호 소개할까요?"라는 요청을 받으면, 이렇게 답장을 보내서 상대방의 마음을 사로잡았다.

"상호 소개를 요청해주셔서 고맙습니다. 감사의 뜻으로 저는 다음 호부터 3회 연속으로 귀하의 메일 매거진을 소개해드리겠습니다. 서로 분발해서 독자 수를 늘려봅시다!"

여기서 포인트는 '3회 연속으로'라는 부분이다.

한 번만 소개하고 마는 것보다는 3회 연속으로 하는 게 당연히 광고 효과도 높다. 어차피 소개하기로 한 이상, 기왕이면 상대방에게 도움을 주고 싶다는 생각이 들었다.

그랬더니 너무나 감사하게도 80% 이상의 사람들이 "그럼 저도 3회 소개해드리겠습니다."라는 답장을 주었다.

그중에는 지금도 나와 교류하고 있는 분들이 많이 있다. 뭔가 이벤트가 있으면 서로 메일 매거진에 알리기도 하고, 만나서 식사도 하면서 좋은 관계를 지속하고 있다.

이렇게 나는 메일 매거진을 통해 알게 된 독자들과 메일 매거진 친구들 덕분에 다시 재기할 수 있었다.

한 통의 이메일 덕분에 내 인생의 전환점을 맞게 된 것이다. 그건 그저 평범한 이메일이 아니라, 그야말로 나의 '마음을 사로잡은' 이메일이었다.

이렇게 상대방의 마음을 사로잡는 글쓰기를 나는 '이모셔널 라이팅(emotional writing)'이라고 부른다.

바로 이 감성적인 글쓰기가 앞서 말했던 내가 깨달은 '뭔가'였던 것이다.

솔직히 말해 나는 그때까지 단 한 번도 상대방의 입장을 생각하면서 글을 쓴 적이 없었다.

:: 어떻게 쓰면 내 의견을 관철시킬 수 있을까?

:: 어떻게 쓰면 내 이익을 최대로 얻을 수 있을까?

:: 어떻게 쓰면 내 입장을 고수할 수 있을까?

이렇게 '자기중심적'인 발상으로 글을 써왔다. 그러나 '상대방 중심'으로 생각하게 되면서 인생이 바뀌게 된 것이다.

:: 어떻게 쓰면 상대방을 기분 좋게 할 수 있을까?

:: 어떻게 쓰면 상대방에게 도움이 될 수 있을까?

문장력도 예전이나 지금이나 크게 달라진 것은 없다. 어휘력도 그다지 늘지 않았다.

달라진 건 문장을 쓸 때의 마음가짐, 즉 '나 중심'으로 쓰느냐 '상대방 중심'으로 쓰느냐 그것뿐이다.

아마 대부분의 사람들이 예전의 나처럼 자기중심적인 글을 쓰는 데 익숙해 있을 것이다. 특히나 업무상 글을 써야 하는 비즈니스맨이라면 더욱 그럴 것이다.

그러나 이처럼 자기중심적이고 논리 정연하기만 한 글은 상대방의 마음을 사로잡지 못한다. 비즈니스 문서라고 해서 논리적이고 이성적으로만 쓰려다 보면, 자칫 형식적이고 사무적인 글이 되기 쉽다.

우리 주변을 둘러보면 상투적인 인사말과 틀에 박힌 문서 양식, 상대방을 배려하는 인간미라고는 찾아볼 수 없는 기계적인 문장으로 채워진 '일방적인' 서류들이 얼마나 많은가?

치열하고 각박한 비즈니스라고 해도 결국은 사람과 사람이 하는 일이다. 마음의 교류 없이는 신뢰나 호감을 심어줄 수도,

원활한 커뮤니케이션을 할 수도 없다.

그렇기에 '상대방 중심'의 이모셔널 라이팅은 비즈니스 역량에 결정적인 영향을 미친다.

이제 본격적으로 이모셔널 라이팅을 업무에 적용할 수 있는 구체적인 방법에 대해 소개하고자 한다. 비즈니스 현장에서 하루에도 몇 번씩 쓰는 이메일, 기획서, 제안서 등이 좀 더 매력적이고 호감 가는 글로 한 단계 업그레이드될 수 있는 비법을 많은 사람들이 공유했으면 하는 바람이다.

문장 컨설턴트

호리우치 노부히로

'마음을 사로잡는 글쓰기'를 하면 당신의 비즈니스는 이렇게 바뀐다!

송부장으로 임팩트 up!

업무 일지로 보고 · 연락 · 상담 능력 up!

명함으로 커뮤니케이션 능력 up!

기획서로 설득력 up!

제안서로 실행력 up!

인사장으로 인맥 관리 능력 up!

사과문으로 감동 up!

전언 메모로 센스 up!

이메일로 친화력 up!

1 **비즈니스 글쓰기**에 대한 4가지 오해

2 마음을 사로잡는 **비즈니스 문장**은 무엇이 다른가?

:: CONTENTS ::

3 **한 장의 송부장**으로 감동시킨다!

4 **한 장의 업무 일지**로 차이를 만든다!

5 **한 장의 명함**으로 친근하게 다가간다!

6 한 장의 기획서로 설득한다!

7 한 줄의 캐치프레이즈로 마음을 사로잡는다!

8 한 장의 제안서로 약속을 얻어낸다!

:: CONTENTS ::

12 **한 통의 이메일**로 접대를 한다!

13 마음을 움직이는 **감성적인 글쓰기**를 하자

비즈니스 문서에서 논리적인 문장을 쓸 수 있는 능력은 매우 중요합니다. 다만 제가 여기서 말하고 싶은 건 '과연 논리적인 글쓰기만으로 충분한가' 하는 것입니다. 논리력은 비즈니스 문서에서 갖추어야 할 최소한의 요건이지, 최종 목표는 아닙니다. 글의 논리는 기본 토대로 하고, 그 위에 남들과 다른 차별성을 담아야 합니다.

Business Writing ::

비즈니스 글쓰기에 대한 4가지 오해

1

Business Writing #1

비즈니스 문서는 서식대로만 쓰면 된다?

회사 업무의 대부분을 차지하는 것이 바로 글쓰기입니다. 보고서나 기획서, 제안서에서부터 인사장이나 사과문에 이르기까지 문서의 종류도 무척이나 다양하지요.

여러분은 이런 문서를 쓸 때 가장 먼저 무엇을 하나요? 서식 파일부터 여는 사람이 많겠지요?

비즈니스 문서는 서식대로만 쓰면 된다고 생각하는 사람들이 아마 많을 겁니다. 물론 예문집에 실려 있거나 일반적으로 주로 쓰이는 서식들은 그 분야의 전문가들이 만들어놓은 방식이기 때문에, 그대로만 쓴다면 치명적인 실수를 저지를 위험은 없겠지요.

하지만 그렇다고 해서 반드시 서식대로 써야 하느냐 하면, 꼭 그렇다고만은 할 수 없습니다. 왜냐하면 서식에 따라 쓰인 문서라고 하는 건 어디까지나 '평균'일 뿐이지, 그 이상을 보여주지는 못하기 때문입니다.

한마디로 무난하기는 하지만 눈에 띄지는 못한다는 말이지요. 상대방을 놀라게도 하고, 감동시키기도 하고, 울리기도 하면서, 그걸 읽는 사람의 마음을 쥐락펴락하는 수준까지는 미치지 못하는 것입니다.

그렇기 때문에 상대방에게 여러분을 될성부른 사람으로 어필하려면, 문서 한 장에도 개성이 묻어나도록 해야 합니다.

하지만 이렇게 말하면 '있는 서식을 채우는 것도 버거운데, 매번 새롭게 만들어 쓰라고?' 하는 사람들이 있을지도 모르겠네요.

많은 직장인들에게 글쓰기가 부담스러운 일인 건 사실입니다. 명색이 '문장 컨설턴트'라는 저도 하얀 모니터를 앞에 두면 무슨 말부터 써야 할지 막막할 때가 한두 번이 아니거든요. 더구나 비즈니스 문서를 매번 새롭게 쓴다는 건 여간 수고스러운 일이 아닐 겁니다.

그렇기에 기존에 나와 있는 서식을 참고하면 시간도 아끼면서 효율적으로 일할 수 있습니다. 저 역시 업무상 필요한 문서를 쓸 때 가끔씩 예문집에 실려 있는 서식을 참고하곤 합니다. 직장인들이 비즈니스 문서를 작성할 때 도움이 될 만한 책을 몇 권 집필하기도 했고요.

이렇게 서식의 도움을 받아 시간을 대폭 줄일 수 있다면, 이제 그 시간에 뭘 할지 생각해봐야 합니다. 남는 시간에 뭘 하느냐, 그것이 중요 포인트인 거죠.

그건 바로 서식에는 나와 있지 않은 '나만의 독창적인 부분'을 만들어보는 겁니다. 앞에서도 말했지만, 남들과 똑같은 서식만으로는 상대방의 마음을 사로잡을 수 없습니다. 그 부족한 2%를 채우려면 이런 점들을 고민해봐야 합니다.

:: 상대방이 가장 얻고 싶어 하는 정보는 무엇일까?
:: 어떤 식으로 표현하면 상대방이 기뻐할까?
:: 어떤 점을 보완하면 상대방이 편리하다고 느낄까?

여기서 계속 반복되는 단어가 있지요? 그렇습니다. 바로 '상대방'입니다.

'상대방에 대한 배려'로 여러분만의 차별점을 만드는 겁니다. 어떤 내용이 들어가야 이해하기 쉬울지, 어떻게 써야 보기 편할지, 상대방 입장에서 생각하고 고쳐야 할 부분은 없는지 고민해보는 거지요.

모든 글의 주인공은 글을 쓰는 내가 아니라, 글을 읽는 상대방입니다. 그것이 바로 '마음을 사로잡는' 비즈니스 글쓰기의 핵심입니다.

Business Writing #2

비즈니스 문서는 논리적이기만 하면 된다?

최근 들어 '논리적인 글쓰기'에 대한 책들이 많이 출간되는 것에서도 알 수 있듯이, 비즈니스 문서에도 논리적인 문장을 쓸 수 있는 능력은 매우 중요합니다.

아니, 예전부터 그런 능력은 필요로 했지만 '논리적인 글쓰기'라는 개념이 부각되면서부터 논리적으로 쓸 수 있는 능력의 중요성을 보다 널리 인식하게 되었다고 말하는 게 더 정확할 겁니다.

따라서 비즈니스 문서를 논리적으로 써야 한다는 건 새삼 목청 높여 외칠 것도 없이 당연한 말입니다. 논리적으로 쓰지 않으면, 내가 말하려는 것이 상대방에게 정확하게 전달되지 않으니까요.

다만 제가 여기서 말하고 싶은 건 '과연 논리적인 글쓰기만으로 충분한가' 하는 것입니다.

물론 논리적인 문장을 쓸 수 있는 능력은 필요하지요. 그러나 그건 비즈니스 문서에서 갖추어야 할 최소한의 요건이지, 최종 목표는 아닙니다. 글의 논리는 기본 토대로 하고, 그 위에 남들과 다른 차별성을 담아야 합니다.

그렇다면 글을 쓸 때 어떤 능력이 필요할까요?

그건 바로 '상대방의 마음을 사로잡을 수 있는' 문장력입니다. 앞서 말했듯이 저는 이것을 '이모셔널 라이팅'이라고 부릅니다.

여러분이 보낸 문서나 이메일을 읽은 상대방이 눈시울을 붉히거나, 씨익 웃거나, 여러분에 대해 좋은 인상을 갖게 된다면 좋지 않겠어요?

비즈니스 때문에 오가는 문서에도 사람의 온기를 담을 수 있습니다. 비록 사소해 보여도 상대방에 대한 작은 관심과 배려는 여러분에 대해 좋은 인상을 심어주기에 충분합니다.

그리 어려운 일도 아닙니다. 조금만 더 고민을 해보면, 사무적으로 되기 십상인 문서를 감성적인 문서로 한 단계 끌어

올릴 수 있습니다.

표현이나 방식은 아무래도 상관없습니다. 산뜻한 계절 인사여도 좋고, 진심 어린 염려여도 좋습니다. 상대방은 그 한 줄에서 여러분의 따뜻한 마음을 느낄 테니까요.

Business Writing #3

비즈니스 메일은 가능한 짧게 써야 한다?

얼마 전에 어떤 분에게 이런 질문을 받았습니다.

"비즈니스맨은 바쁘니까 이메일은 가능한 짧게 쓰는 게 서로에게 좋은 것 같은데, 어떻게 생각하세요?"

자, 여기에 대해 여러분은 어떻게 대답하시겠어요?

저라면 "정도의 문제이지요."라고 하겠습니다.

물론 비즈니스맨은 바쁩니다. 그렇기에 용건만 간단히 쓰는 것이 좋다고 하는 주장이 이해가 안 되는 것도 아닙니다.

하지만 매번 '네', '알겠습니다', 'OK' 같은 단답형으로만 된 답장을 받는다면, 여러분은 어떤 기분이 들까요?

친구끼리 사적인 이메일을 주고받을 때나 서로 양해가 되어 있는 사내 메일이라면 그렇게 써도 큰 문제는 없겠지만, 거래처 직원이나 고객과의 사이에서 이런 이메일은 절대로 안 됩니다.

설령 상대방의 시간을 쓸데없이 빼앗지 않으려는 좋은 의도였다 하더라도, 그렇게까지 간단하게 쓴 메일은 오히려 성의 없는 사람으로 비춰질 확률이 더 높기 때문이지요. 심지어 버릇이 없다고 생각하는 사람도 있을 테고요. 여러분은 아무렇지 않게 생각한다 해도, 실제로 그렇게 보는 사람들이 많이 있거든요.

본론과는 아무 관계도 없는 얘기를 주저리주저리 늘어놓아서 상대방의 귀중한 시간을 빼앗는 '시간 도둑 메일'도 좋지 않지만, 너무 짧은 '성의 없는 메일'도 좋지는 않다는 것, 꼭 기억하시기 바랍니다.

Business Writing #4

비즈니스 메일은 용건만 간단히 쓴다?

흔히 비즈니스 메일에는 불필요한 것은 쓰지 말고, 용건만 간단히 써야 한다고들 합니다.

예를 들면 이렇게 말이지요.

> 신제품 이벤트에 대한 사항, 잘 알겠습니다.
> 그럼 화요일 5시쯤에 저희 회사에서 미팅을 했으면 하는데 어떠신지요?

정확하게 용건만 쓴 간결한 메일인데, 이런 이메일을 쓰는 배경에는 앞에서 했던 얘기와 마찬가지로 '서로의 시간을 절약하기 위해서'라는 이유가 깔려 있습니다.

'비즈니스 메일은 용건만 간단히 써야 하느냐'라는 주제에 대해서는 의견이 나눠지리라고 보는데, 여러분은 어떻게 생각하나요?

저는 '용건만 간단히 쓰는 게 좋은가, 나쁜가'는 상대방과의 관계에 달려 있다고 봅니다.

본래 이메일을 쓸 때는 먼저 '상대방의 이름'을 적고, '인사말'을 쓰고, '자기 이름'을 쓴 뒤에 '본론'으로 들어가는 게 원칙이지만, 친한 사이라서 용건만 적는 것도 괜찮다는 합의가 이뤄진다면 그렇게 쓰는 것도 좋다고 생각합니다.

여기서 포인트는 두 가지입니다.

첫째, 상대방과의 관계가 친밀할 것.

둘째, 둘 사이의 메일은 용건만으로도 괜찮다는 합의가 이루어질 것.

이 두 가지 조건이 갖추어지고 나야 비로소 용건만 쓴 이메일을 보내도 된다는 것이지요. 바꿔 말하면, 아무리 친한 사이라도 상대방이 제대로 형식을 갖춘 이메일을 보낼 때는 용건만 쓴 이메일을 보내서는 안 된다는 말입니다.

Business Writing #5

비즈니스 메일은 스피드가 최우선이다?

일을 하다 보면 하루에도 수십 통씩 이메일을 받게 됩니다. 그런데 바로바로 체크하지 않으면, 중요한 이메일의 답장을 제때 보내지 못하는 일이 생기기도 합니다.

그런 경우에 '비즈니스 문서는 스피드가 최우선'이라는 생각이 드는 것도 무리는 아니지요. 거기다 일의 효율이라는 점에서 보더라도 느린 것보다는 빠른 게 좋은 것도 사실이고요.

다만 '누가 뭐래도 스피드를 최우선으로 해야 한다'는 생각에는 반론을 제기하지 않을 수 없습니다.

무조건 스피드를 중요시하다 보면 내용이 틀리기도 하고, 오탈자가 생기기도 하고, 오해를 불러일으키는 표현을 쓰기도 하는 등 '시간 대신 신용을 잃어버릴' 수가 있기 때문이지요.

저도 한번은 급하게 이메일의 답장을 쓰다가 상대방의 이름을 잘못 표기한 적이 있었습니다. 이메일을 전송하기 전에 한 번만 더 체크를 했더라면 그런 실수는 하지 않았을 텐데, '되도록 빨리' 답장을 주는 게 좋다고만 생각하다 보니 그런 기본적인 사항을 틀리고 말았지요.

한번 잃어버린 신용을 회복하려면 두 배, 세 배의 노력이 필요합니다. 그런 위험을 감수하면서까지 스피드를 최우선으로 여길 필요는 없다는 게 제 생각입니다.

물론 스피드가 중요하지 않다는 말은 아닙니다. 가능하면 업무 시간을 줄일 수 있는 방법을 찾아보는 것도 효율성을 높이는 데 큰 도움이 되겠지요.

업무의 질을 떨어뜨리지 않으면서도 스피드를 올릴 수 있는 방법에 대해서는 2장에서 소개하도록 하겠습니다.

마음을 사로잡는 글이란 그것을 읽은 사람이 감동을 받거나, 기뻐하거나, 놀라거나, 여러분에 대해 좋은 인상을 갖게 되는 글입니다. 그러나 우리가 주변에서 흔히 보는 비즈니스 문서들은 대부분 사무적인 문장들로 채워져 있어서, 마음을 사로잡는 문서는 거의 없는 실정이지요. 그렇다면 '감동 포인트'를 살린 비즈니스 글쓰기는 어떻게 완성될 수 있을까요?

Business Writing ::

마음을 사로잡는 **비즈니스 문장**은 무엇이 다른가?

2

Business Writing #6

마음을 사로잡는 글에는 '감동 포인트'가 있다

마음을 사로잡는 글이란 앞에서도 말했듯이 그것을 읽는 사람이 감동을 받거나, 기뻐하거나, 놀라거나, 여러분에 대해 좋은 인상을 갖게 되는 글입니다.

그러나 우리가 주변에서 흔히 보는 비즈니스 문서들은 대부분 사무적인 문장들로 채워져 있어서, 마음을 사로잡는 문서는 거의 없는 실정이지요.

그런데 비즈니스 문서가 아닌 다른 분야로 한번 눈을 돌려보면, 마음을 사로잡는 문장들이 많이 있습니다.

예를 들면 광고 전단지나 DM, 홈페이지 등에 쓰여 있는 세일즈 문구 같은 것들이지요. 아마 누구나 한 번쯤은 그런 문구를 읽고서 그 상품을 사고 싶은 마음이 들거나, 엉겁결에 사게 된 경험이 있을 겁니다.

TV 홈쇼핑은 또 어떤가요? '마지막 찬스!', '마감 임박!' 같은 문구가 뜨면 당장 수화기를 들지 않고는 못 배기지요.

쇼호스트들이 속사포처럼 쏟아내는 말들은 그야말로 잘 짜인 각본에 의해 만들어집니다. 어느 지점에서 어떤 멘트를 해야 고객의 마음을 사로잡을 수 있는지 철저히 계산된 시나리오가 있는 것이지요.

그렇게 만들어진 문장들은 여러분의 이성이 아닌 감성을 자극해서 여러분의 마음속에 '갖고 싶다'는 욕구가 생겨나도록 합니다.

참고로 이런 세일즈 문구나 시나리오는 마케팅 전략을 활용해 만들어진 것들이니, 관심이 있는 사람은 마케팅에 관한 책을 읽어보는 것도 좋겠지요.

그 밖에 대박을 터뜨리는 영화나 드라마도 마찬가지입니다. 심금을 울리는 스토리라고 해서 무조건 흥행이 되는 것은 아닙니다.

많은 사람들의 호평을 받는 작품들은 대개 오르락내리락하는 감정선을 적절히 유지합니다. 박장대소를 터뜨리게 하는 장면이 있는가 하면, 눈물을 쏟게 만드는 대목도 있고, 공감하며 고개를 끄덕이게 하는 부분도 있지요. 사람들을 웃기고 울리는 포인트를 전략적으로 배치하는 겁니다.

그렇다면 그런 '감동 포인트'를 살린 마케팅 전략을 비즈니스 글쓰기에서는 어떻게 응용할 수 있을까요? 이제부터 그 구체적인 방법을 소개하고자 합니다.

Business Writing #7

상투적 표현이 아니라, 나만의 표현을 쓴다

첫 번째는 자신의 말로 쓰는 것입니다.

가장 알기 쉬운 예가 바로 연하장이지요. 여러분도 해마다 많은 연하장을 받을 텐데요. 그중에서 '발신인의 말'로 쓰인 연하장은 얼마나 될까요? 아마도 거의 대부분은 이런 틀에 박힌 문장이 인쇄된 것들이 아닐까 생각합니다.

> 새해 복 많이 받으십시오.
> 올 한 해 베풀어주신 은혜에 감사드리며,
> 내년 한 해도 잘 부탁드립니다.

거래처나 고객을 관리하는 비즈니스맨들은 특히 이런 종류의 카드를 보낼 일이 많습니다. 그런데 대부분은 이렇게 틀에 박힌 인사말을 씁니다. 하나같이 똑같은 내용에, 받는 사람 이름만 바꿔 쓰는 식이지요.

하지만 이런 '단체 카드'를 받고 기뻐할 사람이 과연 얼마나 될까요?

저도 해마다 연하장을 수십 통씩 받곤 하는데, 보내는 사람의 마음이 느껴지지 않는 카드는 그다지 눈여겨보지 않게 됩니다.

일부러 신경 써서 챙겨준 데 대해 '감사'는 하지만, 그 내용에 '감동'하는 일은 드물지요. 모두 비슷비슷하다 보니 심지어 누가 보냈는지 기억에 남지 않을 때도 있습니다.

그렇다면 이런 연하장은 어떨까요?

> 새해 복 많이 받으십시오.
> 올해 저에게 가장 보람 있었던 일은 부장님을 만난 것입니다. 일에 관해서는 항상 철저하면서도, 겸손하고 사려 깊은 부장님께 정말로 많은 것을 배웠습니다. 내년에도 아무쪼록 잘 부탁드립니다.

앞에서 본 틀에 박힌 연하장과 비교하면, 받는 기쁨이 전혀 다르지 않겠습니까?

상투적인 문구를 그대로 옮겨다 쓴 비즈니스 문서들이 넘쳐나는 중에, 이렇게 '자신의 말'로 쓰는 것만으로도 마음을 사로잡는 문서가 될 수 있습니다.

Business Writing #8

'나 중심'이 아니라, '상대방 중심'으로 쓴다

두 번째는 표현 방법을 바꾸는 것입니다.

단순히 이렇게 말해서는 이해하기 어려울 것 같으니, 알기 쉬운 예를 들어보도록 하겠습니다.

'재고 처분 세일'과 '성원 감사 세일', 여러분은 둘 중에서 어느 쪽 표현에 호감을 느끼나요?

저는 당연히 '성원 감사 세일'입니다.

'재고 처분'이라는 말에는 '팔다 남은 상품을 어떻게든 처분하고 싶다'는 의도가 느껴지는 데 반해, '성원 감사'라는 말에서는 '고객의 성원에 보답하고 싶다'는 마음이 전해지기 때문이지요.

이런 차이는 발상의 출발점이 '자신'인지, 아니면 '상대방' 인지에 따라 생깁니다. 다시 말해, 똑같은 사실을 말하더라도 시각을 어느 쪽에 두느냐에 따라 표현 방법이 완전히 달라지는 것이지요.

다른 예를 하나 더 들어봅시다.

① 저희 가게는 밤 11시에 문을 닫습니다.

② 저희 가게는 밤 11시까지 영업합니다.

자, 어떠세요? 둘 다 영업시간이 '밤 11시까지'라는 사실은 똑같지만, 그 뉘앙스가 전혀 다릅니다.

①은 '밤 11시에 가게 문을 닫는다'고 손님에게 일방적으로 알리는 식인 데 반해, ②는 '밤늦은 시간에 찾아오는 손님들을 위해 11시까지 영업하고 있다'는, 손님을 배려하는 느낌이 훨씬 강하게 듭니다.

이렇듯 사소하지만 미묘한 차이가 상대방의 마음을 움직이는 변수가 될 수 있습니다.

'무엇을' 말하는가보다 더 중요한 것은 '어떻게' 말하는가라는 사실을 기억하기 바랍니다. '나 중심'에서 '상대방 중심'으로 표현을 달리하는 것만으로도 그 효과는 180도 달라집니다.

건조하고 삭막한 문서들 속에서, 읽는 사람의 마음을 헤아리는 따뜻하고 정감 어린 한 줄의 글은 상대의 마음을 열 수도 닫을 수도 있는 열쇠가 됩니다.

Business Writing #9

기대하지 않았던, 예상 밖의 내용을 쓴다

세 번째는 쓰는 내용을 바꾸는 것입니다.

예를 들자면 보통 비즈니스 문서에서 그다지 쓰지 않는 것을 써보는 거지요.

구체적으로 어떻게 하는가 하면, 일단 상대방이 기뻐할 만한 것을 쓰면 됩니다. 반대로 여러분이 접했을 때 기쁠 만한 것이라고 봐도 좋고요.

그럼 사람들은 어떨 때 기뻐할까요? 보통 다음의 3가지 경우를 들 수 있습니다.

① 칭찬받았을 때

② 상대방의 마음 씀씀이가 느껴졌을 때

③ 기대 이상의 것을 받았을 때

첫째, '칭찬'은 상대방을 기분 좋게 만드는 가장 기본적인 방법이지요. 아무리 사소한 점이라도 칭찬을 받으면 일단 기분이 좋아집니다. 그리고 칭찬해준 사람에 대한 호감도도 올라가고요. 특히 자신도 미처 생각지 못했던 부분을 칭찬받았을 때는 그 효과가 더 큽니다.

저도 최근에 이런 경험을 한 적이 있습니다. 어떤 분으로부터 인사장을 받았는데, 거기에 이런 말이 적혀 있더군요.

> 남자다운 데다 친절하기까지 하셔서 깜짝 놀랐습니다!

물론 인사치레로 한 말일 수도 있겠지만, 저로서는 몇 번을 다시 읽어볼 만큼 기분 좋은 칭찬이었습니다.

둘째, '상대방의 마음 씀씀이가 느껴지는 것'은 속 깊은 이해나 배려가 느껴지는 경우를 말합니다. 예를 들면 이런 것이지요.

> 아침저녁으로 날이 무척 쌀쌀해졌습니다.
> 감기 걸리기 쉬운 환절기에 건강 유의하시길 바랍니다.

이메일의 끝인사로 이런 한마디를 덧붙이는 것은 크게 어려운 일이 아닙니다. 비록 형식적인 인사 같아도 '그럼 답변 부탁드립니다'로 끝내는 이메일과는 천양지차지요.

사무적인 얘기로만 가득 찬 서류들 속에서 이런 인사가 담긴 이메일이 오고간다면 마음이 훨씬 훈훈해지지 않을까요?

셋째, '기대 이상의 것을 받았을 때' 사람들은 두 배의 기쁨을 느낍니다. 부탁하지 않은 것까지 세심하게 챙겨준다면 당연히 고마움은 배가되겠지요.

예를 들자면 고객이 어떤 정보를 요청했을 때, 그 이상의 추가 사항까지 전달해주는 겁니다. 바로 아래의 경우처럼 말이죠.

> 아까 전화로 문의하신 미국 사이트 URL은 다음과 같습니다. 또한 영국과 프랑스, 독일 사이트 URL들도 아래에 덧붙여 보냅니다.
> 그리고 이미 알고 계시리라고 생각은 합니다만, 무료로 6개국어 번역을 할 수 있는 소프트웨어가 있는데 혹시 필요하시다면 아래 사이트에서 다운로드해서 사용하시기 바랍니다.

미국 사이트 정보만을 기대했던 고객으로선 그 외의 다양한 정보들까지 찾아준 배려에 분명 고마움을 느낄 겁니다. 설사 유럽의 사이트 정보는 기대했을지 몰라도, 번역 소프트웨어까지는 예상치 못했겠지요.

이 정도로 성의를 보여준다면 상대방은 놀라는 것은 물론이고, 기쁨이 마구 솟구쳐 오르지 않을까요?

그런데 이런 정보는 우연히 알게 되었다가도 금세 잊어버리기가 쉽습니다. 그러니 누군가에게 도움이 될 만한 정보를 발견했을 때는 '이게 필요한 사람이 누구일까?' 하고 생각해보고 메모를 해두는 준비가 필요합니다.

Business Writing #10

다정한 손글씨로 정성을 표현한다

네 번째는 손글씨를 쓰는 것입니다.

제가 막 사회생활을 시작했을 무렵에는 지금처럼 컴퓨터나 워드 프로세서가 보편화되어 있지 않았습니다. 거의 모든 서류는 손으로 직접 써야 했던 시절이었지요. 그래서 깔끔하게 출력된 서류를 보면 "와~!" 하는 감탄사가 절로 나오곤 했습니다.

그런데 지금은 상황이 완전히 바뀌어서 손으로 쓴 서류를 거의 찾아볼 수 없게 되었습니다. '손글씨가 귀한 시대'가 된 것이지요.

사실 요즘같이 편리한 세상에 손글씨를 쓴다는 것은 보통 정성이 아니고서는 힘든 일입니다. 시간도 오래 걸릴뿐더러

세세하게 신경 써야 할 부분이 은근히 많기 때문이지요. 글씨체에도 공을 들여야 하고, 줄도 맞춰야 하고, 틀리면 지우거나 버리고 다시 써야 합니다.

그렇기에 자신의 손으로 직접 쓴 글은 의미가 깊습니다. 기꺼이 불편을 감수하고 한 자 한 자 적어 내려간 손글씨에는 받는 이에 대한 애정이 담겨 있습니다.

정감 어린 인간미와 개성이 물씬 풍긴다는 것은 손글씨가 가진 최대 장점입니다. 손글씨에는 기계로는 흉내 내지 못하는 '그 무엇'이 있지요. 이런 점 때문에 최근에는 '캘리그라피(Calligraphy)'라고 하는 손글씨 디자인 기법이 각광받고 있기도 합니다.

하지만 꼭 전문가처럼 유려하게 써야 할 필요는 없습니다. 중요한 건 손글씨 그 자체에 담겨 있는 정성이니까요.

삐뚤빼뚤 엉성한 글씨라도 '비록 악필이지만 마음을 담아 씁니다'라는 말 한마디만 보태면 충분합니다. 글씨를 잘 쓰고 못 쓰고가 문제가 아니라 일부러 손으로 썼다는 것, 그것이 기쁜 것이니까요.

Business Writing #11

붓펜으로 써서 특별함을 전한다

다섯 번째는 붓펜으로 쓰는 것입니다.

이건 앞서 말한 '손글씨'에서 한 걸음 더 나아간 것이라고 할 수 있겠지요.

비즈니스 문서에서는 손글씨보다 더 희귀한(?) 것이 붓으로 쓴 글씨인데요. 그래서 더욱 눈에 띌 수 있고 감동도 줄 수 있는 것이지요.

그렇다고 서예를 하듯 비즈니스 문서를 붓글씨로 쓰라는 말은 아닙니다. 그보다 훨씬 간편한 '붓펜'을 쓰면 됩니다. 이름 그대로 심지가 붓처럼 생긴 펜인데, 시중에서 쉽게 구입할 수 있습니다. 직접 써보면 정말 붓글씨 같은 효과가 나지요.

손글씨가 어느 정도 능숙한 분이라면 이 붓펜으로 쓰는 방법을 추천합니다. 붓펜은 '손글씨의 미(美)'를 가장 잘 살릴 수 있는 도구거든요.

깨끗한 종이 위에 붓펜으로 손글씨를 쓰면 품위 있고 우아한 멋을 한껏 살릴 수 있습니다. 격식과 예의를 갖춘 느낌도 줄 수 있지요. 그래서 축하나 감사 인사, 선물 메시지를 전하는 편지를 쓸 때 적격입니다.

저도 가끔씩 붓펜으로 쓴 인사장을 받곤 하는데, 보는 순간 감탄이 절로 나옵니다. 그래서 저도 요즘 들어 서류를 보낼 땐, 붓펜으로 간단한 인사말을 적은 편지를 동봉하고 있습니다. 워드 프로세서로 작성한 문서의 여백에 붓펜으로 한 줄을 보태기도 하고요.

같은 손글씨지만 붓펜으로 쓴 문서는 사무용 볼펜으로 쓴 문서에 비할 바가 아닙니다. 그만큼 보내는 사람의 정성과 애정이 물씬 풍겨납니다. 여러분도 특별함을 전하고 싶은 사람이 있다면 붓펜을 꼭 이용해보기 바랍니다.

Business Writing #12

즉시 써서 강한 인상을 남긴다

마지막으로 여섯 번째는 즉시 쓰는 것입니다.

사람의 마음을 사로잡는 데는 '시간'도 상당히 중요하기 때문이지요.

예를 들어 어떤 사람을 처음 만나게 됐다고 칩시다. 다음 날 그에게서 '만나서 반가웠다'는 엽서를 받는 것과 일주일쯤 지난 뒤 받는 것 중, 어느 쪽이 더 인상에 남을까요?

두말할 것도 없이, 대부분의 사람들이 '다음 날 바로 받은 엽서'라고 대답하겠지요. 저도 물론 전자입니다. 왜냐하면 "뭐야, 어제 만났는데 벌써 엽서를 보냈어?" 하고 깜짝 놀랄 것이기 때문이지요.

물론 어느 정도 시간이 지나서 보내는 인사 엽서도 아예 보내지 않는 것보다는 낫겠지요. 하지만 즉시 받는 것에 비하면 놀라움이나 감동이 현저히 줄어들 수밖에 없습니다.

한참 지나서 보내는 경우에는 특별한 내용을 담지 않고서는 강한 인상을 심어주기가 어렵기도 하고요. 이것을 거꾸로 말하면, 즉시 보내면 그다지 내용을 궁리하지 않아도 자신을 크게 어필할 수 있다는 얘기가 됩니다.

실제로 톱 세일즈맨들 중에는 이런 방법을 쓰는 경우가 많다고 합니다. 엽서 몇 장을 늘 가방 속에 넣고 다니다가 고객과 헤어진 뒤에 바로 엽서를 써서 부치는 것이지요.

꼭 업무상 목적이 아니더라도 상대방에게 강렬한 인상을 남기고 싶은 사람이 있다면 이 방법을 활용해보는 것도 좋을 듯합니다.

그런데 아무리 짧은 엽서라도 매번 새로운 내용을 쓰는 게 쉬운 일은 아닙니다. 무슨 말을 해야 할지 막막하기도 하고, 시간도 오래 걸리기 때문이지요. 그럴 경우를 대비해 좋은 글귀나 표현들을 수첩에 적어두면, 필요할 때 바로바로 찾아 쓰기 편하겠지요.

또 미리 인사 예문들을 인쇄해두었다가 여백에 손글씨로 한두 마디 코멘트를 쓰는 방법도 좋습니다. 그렇게라도 해서 즉시 보낸다면 효과가 있습니다.

이렇게 엽서를 쓰는 방법이 번거롭다면 이메일을 활용해보는 건 어떨까요? 고객이나 거래처와 첫 미팅을 하고 나서 곧바로 감사 메일을 보내는 겁니다.

'바쁘신데도 시간 내주셔서 감사합니다', '즐거운 미팅을 하게 되어 기뻤습니다. 앞으로도 종종 만나뵙게 되기를 바랍니다'라는 식의 짧은 인사를 보내는 거지요.

이 밖에도 업무상 글을 쓸 때 속도를 높일 수 있는 다양한 방법이 있습니다.

제안서나 보고서 같은 문서는 쓸 때마다 새롭게 만들기보다, 예전에 만들어둔 것을 토대로 일부를 수정하거나 추가하면 훨씬 효율적입니다.

그리고 이메일을 쓸 때는 직함과 연락처, 그리고 개성 있는 인사말이 자동으로 입력되는 명함 기능을 설정해두면 편리하겠지요.

또 이건 제가 주로 이용하는 방법이기도 한데, 컴퓨터의 단어 등록 기능을 사용하는 것도 시간을 줄이는 데 많은 도움이 됩니다. 단어 등록 기능은 예를 들어 '늘'이란 글자를 입력하면 '늘 신세를 지고 있습니다'라는 문장이 자동으로 입력되도록 설정하는 기능입니다. 자신이 자주 쓰는 문장이 여러 가지 있다면 이 방법을 이용해보는 것도 좋습니다.

거래처와 일을 하다 보면 자료나 제안서, 청구서 등을 주고받는 경우가 많습니다. 이때 인사말을 적은 '송부장'을 동봉하기도 하는데요. 대부분은 워드 프로세서로 간략하게 적은 문서 한 장만 달랑 보내게 되지요. 너무나 평범해서 눈여겨보지 않던 송부장, 이젠 더 특별하게 만들어봅시다.

Business Writing ::

한 장의 송부장으로 감동시킨다!

3

Business Writing #13

정성이 눈에 보여야 마음도 움직인다

그럼 이제부터 '마음을 사로잡는' 비즈니스 글쓰기로 한 단계 업그레이드하는 방법에 대해 문서별로 알아보도록 합시다.

거래처와 일을 하다 보면 자료나 제안서, 청구서 등을 주고받는 경우가 많습니다. 이때 인사말을 적은 서류를 동봉하기도 하는데요. 이것을 '송부장(送付狀)'이라고 합니다.

그런데 대부분은 아래처럼 워드 프로세서로 간략하게 적은 문서 한 장만 달랑 보내게 되지요.

> 늘 신세를 지고 있습니다.
> 청구서를 동봉하오니 잘 수령하여 주시기 바랍니다.

어떤가요? 그다지 특별할 것도, 그렇다고 이상할 것도 없는 지극히 평범한 송부장입니다. 그래서 받는 사람 입장에서도 그다지 눈여겨보지 않게 됩니다. 그저 쓱 한번 훑어보면 끝이지요.

물론 여기서 주(主)는 송부장이 아니긴 합니다만, 그래도 기왕 보내는 바에는 상대방에게 진심 어린 인사를 받는 기분이 들게끔 해주는 게 좋지 않을까요?

평범하고 밋밋한 송부장을 이젠 더 특별하게 만들어보도록 합시다. 앞에서 소개했던 방법을 활용하면 간단하게 해결됩니다. 그건 바로 '자필'로 쓰는 것이죠.

늘 신세를 지고 있습니다.
청구서를 동봉하오니 잘 수령하여 주시기 바랍니다.

같은 내용이라도 이렇게 손으로 직접 써서 보내면 훨씬 정성이 깃들어 보입니다. 그리고 사무용 볼펜을 쓰기보다 만년필이나 붓펜을 이용하면, 예의 바르고 공손한 인상을 심어줄 수 있습니다.

글의 내용까지도 개인적인 마음을 담아 쓴다면 더할 나위 없겠지만, 앞에서와 같이 일반적인 것이어도 상관은 없습니다. 손글씨를 쓴 것만으로도 특별한 인상을 주게 되니까요.

저도 청구서나 제안서 등을 보낼 때 송부장을 동봉하곤 하는데요. 저 같은 경우에는 송부장을 보낼 일이 그리 많지 않아서, 은은한 무늬가 있는 편지지에 붓펜으로 정성 들여 인사말을 씁니다.

하지만 똑같은 것을 대량으로 보내야 하는 경우에는 한 장 한 장 쓰는 것이 보통 일이 아니지요. 그럴 땐 이런 방법을 권합니다.

먼저 흰 종이를 준비해서 거기에 받는 사람 이름은 쓰지 말고, 본문 내용과 자기 이름만 붓펜으로 쓰고서 필요한 만큼 복사를 합니다. 그런 다음 받는 사람 이름을 붓펜으로 쓰는 거지요.

실제로 해보면 알겠지만 이렇게 해도 복사된 글씨와 붓펜으로 쓴 글씨가 크게 차이나지 않기 때문에, 한 번에 많은 양의 송부장을 보내야 할 때 이 방법을 쓰면 편리합니다.

단, 이때 붓펜은 반드시 진한 검정색으로 쓰는 것이 좋습니다. 경조문에 쓰는 옅은 검정색 붓펜은 복사된 글씨와 너무 차이가 나 보일 수 있거든요.

붓펜으로 쓴 손글씨 송부장, 생각보다 간단하게 할 수 있으니 꼭 시도해보세요.

Business Writing #14

친밀한 표현을 쓰면, 없던 친근감도 생긴다

앞서 소개한 방법은 시각적인 측면에서 효과를 주는 것이었다면, 이번에는 내용에 좀 더 충실한 방법을 소개할까 합니다.

송부장이라고 해서 꼭 형식적인 인사말만 쓰라는 법은 없습니다. 같이 보내는 문서가 어떤 종류인가에 따라, 거기에 맞는 코멘트나 메시지를 얼마든지 다양하게 써볼 수 있습니다.

예를 들어 견적서를 보내는 경우에는 이런 문장을 써보면 좋을 겁니다.

'귀사에만 드리는 특별 가격입니다.'

외주 업체에 보내는 송부장에는 이런 말을 써보는 것도 좋겠지요.

'다시 함께 일할 기회가 생기기를 고대합니다.'

아니면 다음처럼 일반적으로 쓸 수 있는 표현들도 있습니다.

'늘 많은 신세를 지고 있습니다.'

'덕분에 큰 도움이 되었습니다.'

'평소 베풀어주시는 사랑에 진심으로 감사드립니다.'

그리고 추후에 확인해야 할 사항이 있는 경우라면, 자신의 연락처를 기재하는 센스도 필요하겠지요.

'궁금하거나 더 필요한 점이 있으시면, 언제든지 연락 주세요. 제 휴대폰 번호는 090-××××-×××× 입니다.'

좀 더 친근감을 표현하고 싶을 땐 상대방의 안부를 묻는 것도 좋은 방법입니다. '당신을 늘 염두에 두고 있다'는 마음이 느껴지는 표현을 덧붙이는 것이지요.

예를 들면 이렇게요.

'지난번 뵈었을 때 어깨가 아프다고 하셨는데, 지금은 좀 어떠신지요?'

'이사하셨다고 들었는데, 이제 다 정리되셨습니까?'

물론 이런 사적인 메시지를 쓰려면 당연히 상대방에 대해 잘 알고 있어야 하겠지요.

그러려면 항상 안테나를 높이 세워서 상대방 소식에 관심을 갖는 것은 물론, 실제로 만나서 얘기를 나누거나 전화로 대화를 할 때 인상에 남는 얘기들은 메모해두는 게 도움이 됩니다.

거듭 강조하지만, 이렇게 정서적인 코멘트를 덧붙일 때는 컴퓨터로 작성하기보다 손으로 쓰는 편이 친근감을 표현하는 데 훨씬 좋습니다. 또한 이런 송부장은 팩스를 보낼 때도 응용할 수 있습니다.

우리가 쉽게 지나치는 송부장 하나에도 얼마든지 정성스러운 마음을 담아낼 수 있다는 사실을 기억하기 바랍니다.

대부분의 사람들은 '내가 오늘 무슨 일을 했는지'에 대해 업무 일지를 씁니다. 그러나 업무 일지란 그날의 업무 내용만을 쓰는 게 다가 아닙니다. 업무 일지에는 '특이 사항'이나 '제안 및 보고 사항' 같은 내용을 쓰는 곳이 있지만, 많은 사람들이 이 부분을 소홀히 합니다. 그런데 이것을 어떻게 활용하느냐에 따라 상사로부터 좋은 평가를 받을 수 있는 기회가 되기도 합니다.

Business Writing ::

한 장의 업무 일지로 차이를 만든다!

4

Business Writing #15

하루 먼저 써서 일의 효율을 높인다

직장인이라면 누구나 하루 한 번 업무 일지를 써야 합니다. 그런데 보통 업무 일지라고 하면, 하루 일과가 끝날 때 쓰는 것이라는 생각을 갖고 있습니다.

실제로 영업직에 있는 사람들 중에는 외근을 마치고 회사로 돌아와서야 업무 일지를 쓰고 퇴근하는 경우도 많지요.

저도 예전에 영업 일을 할 때 그랬습니다.

밖에서 일을 끝낸 뒤 회사에 가서, 그날 하루 방문한 고객사의 상호와 상담 내용, 주문받은 금액 등을 떠올리며 업무 일지를 쓰곤 했습니다. 그런데 방문 건수가 많아지면 좀처럼 생각이 나지 않아 시간을 잡아먹기 일쑤였지요.

하지만 어느 날을 계기로 저는 업무 일지 쓰는 습관을 바꾸게 되었습니다. 일찍 퇴근하기로 유명한 선배가 업무 일지를 하루 먼저 쓰는 모습을 보게 되었거든요.

뜻밖에도 선배는 그날 방문한 업체가 아니라, 다음 날 방문할 업체에 대해 쓰고 있었습니다. 그러니까 내일 방문하게 될 곳에서 상담할 내용과 주문액 목표를 예상하며 행동 계획을 세워두는 것이었지요.

사실 이 정도는 이미 하고 있는 사람들도 많으리라 생각합니다만, 그 선배는 거기서 그치는 게 아니었습니다.

선배는 업무 일지를 매일 들고 다니면서 거래처 방문이 끝날 때마다 상담 결과라든가, 그곳에서 눈여겨본 것을 바로바로 적어두었습니다.

시간으로만 따지면 채 1~2분밖에 걸리지 않는 간단한 일이지만, 그런 짧은 시간들이 쌓이고 쌓여서 퇴근 시간을 앞당겨주었던 겁니다.

다시 정리하자면 제가 선배로부터 배운 것은 이 두 가지였습니다.

첫째, 전날에 다음 날의 행동 계획을 적고, 그것을 행동 예정표로 사용할 것.

둘째, 업무 일지를 들고 다니면서 방문 직후 그 결과를 적어둘 것.

여러분도 이 방법들을 실천하면 일의 효율이 올라가는 것은 물론이고, 상사에게 능력 있는 직원으로 인정받게 될 겁니다.

Business Writing #16

아주 사소한 것까지 모두 기록한다

여러분은 업무 일지를 쓸 때 어떤 부분을 가장 중점적으로 쓰나요? 아마 대부분이 '내가 오늘 무슨 일을 했는지'에 대해 쓸 겁니다.

그러나 아시다시피 업무 일지란 그날의 업무 내용만을 쓰는 게 다가 아닙니다.

대개 업무 일지에는 '특이 사항'이나 '제안 및 보고 사항' 같은 내용을 쓰는 칸이 있습니다. 하지만 많은 사람들이 이 부분을 소홀히 하지요.

그런데 이것을 어떻게 활용하느냐에 따라 상사로부터 좋은 평가를 받을 수 있는 기회가 되기도 합니다.

지금 생각하면 안타깝기 그지없는 일이지만, 예전에 저는 그 중요성을 전혀 모른 채 매일 '특이 사항 없음'이라고만 썼습니다.

'이런 건 굳이 보고하지 않아도 될 거야'라든가, '이건 내 권한으로도 해결할 수 있는 일이니까 상의하지 않아도 되겠지' 하고 판단했기 때문이지요.

하지만 아무리 사소한 정보라도 중요한 데이터가 되기도 하고, 자신이 미처 파악하지 못한 사실이 숨어 있을 수도 있습니다.

그렇기에 별로 대수롭지 않아 보이는 일이라도 일단 상사에게 보고하거나 조언을 구하는 게 좋습니다. 대개 상사들은 현장에 대한 것이라면 아무리 사소한 일이라도 파악해두고 싶어 하니까요.

예를 들어 상사가 예전에 담당했던 거래처를 방문했는데, 거래처 사장으로부터 "○○○ 과장은 잘 계신가? 시간 나면 술이나 한잔 하자고 전해주게."라는 말을 들었다면 어떻게 해야 할까요? 당연히 그것도 다음과 같이 업무 일지에 써서 보고하는 게 좋겠지요.

오늘 △△ 회사를 방문했습니다. 그곳 사장님께서 옛 생각이 나셨는지 과장님과 술 한잔 하고 싶다는 말씀을 전하셨습니다. 시간 나는 대로 연락드려 보시면 좋겠습니다. 이상 보고드립니다.

비록 시시콜콜한 얘기지만 이런 말을 전해 듣는 건, 상사로서 분명 기분 좋은 일일 겁니다. 예전 거래처의 사장이 아직도 자신을 생각해준다는 사실을 알게 되었으니 말이죠.

게다가 부하직원을 통해 전해 듣게 되어 위신도 세울 수 있으니 더욱 흐뭇하지 않겠어요? 그러면 결과적으로 여러분에게도 플러스가 되겠고요.

거래처 사장의 말을 그저 단순한 인사치레로 흘려들어도 하는 수 없지만, 조금만 더 신경 쓰면 상사에게 좋은 점수를 받을 수 있으니 그것만으로도 보고할 가치는 충분히 있다고 봅니다.

'그렇긴 해도 그런 사소한 일들은 자꾸 놓쳐버리게 된다'고 하소연하는 사람도 많을 겁니다. 그런 문제를 해결할 수 있는 비장의 카드를 하나 소개해드리겠습니다.

그 전에 한 가지.

누구나 이런 경험을 해본 적이 있을 겁니다. '휴대폰을 새로 사야지' 마음먹고 있을 땐 사람들이 들고 있는 휴대폰에 자꾸 눈길이 가고, 차를 새로 구입할 땐 거리에서 자동차만 쳐다보게 된다거나 하는 일 말이에요.

잘 이해가 되지 않으면 간단한 실험을 해보도록 합시다.

① 눈을 감고 주위에 파란색 물건이 몇 개나 있는지 떠올려 보세요.

② 눈을 뜨고 주위에 있는 파란색 물건을 세어보세요.

먼저 눈을 감고 머릿속으로만 떠올려볼 때는 파란색 물건이 주위에 얼마나 있었는지 잘 생각나지 않을 겁니다. 하지만 다시 눈을 뜨고 찾아보면 파란색 물건이 하나둘 눈에 들어오기 시작하지요.

이런 현상을 가리켜 '컬러 배스(Color Bath) 효과'라고 합니다. 말 그대로 '색을 입힌다'는 뜻인데, 특정 색을 의식하면 온통 그 색깔만 눈에 들어오게 되는 현상을 가리킵니다.

평소에는 미처 의식하지 못하고 있던 것도, 거기에 신경을 쏟게 되면 새롭게 인식하게 되는 것이지요.

우리의 뇌에는 그런 능력이 잠재되어 있습니다. 그 능력을 정보 수집에 활용하려는 것이 바로 제가 소개하려는 방법입니다.

말은 거창해 보이지만 그다지 어려운 건 아닙니다. 파란색 물건을 찾는 실험과 마찬가지로, 평소에 '상사에게 보고하자!'라는 문제의식을 갖기만 하면 됩니다. 그러면 나머지는 여러분의 뇌가 찾아줄 겁니다.

다만 너무 막연하게 명령을 내리면 뇌도 찾기 어려울 테니, 어느 정도는 구체적인 질문 항목을 나눌 필요가 있겠지요.

예를 들면 이런 식으로 말입니다.

:: 보고 사항

:: 연락 사항

:: 상담 사항

:: 제안 사항

각각에 해당되는 질문 내용은 직종에 따라 조금씩 달라지겠지만, 일반적으로 이렇게 4가지 정도로 분류할 수 있습니다. 그리고 거기에 들어갈 세부적인 질문들을 체크 리스트로 만들어놓고, 업무 일지를 쓰기 전에 매일 체크하면 됩니다.

이게 습관이 되면 언젠가는 체크 리스트를 보지 않고도 어떤 사항들을 살펴봐야 하는지 자연스럽게 떠오르게 되겠지요.

또한 기억해둘 만한 사항을 보게 되거나 좋은 아이디어가 떠올랐을 때는 즉시 메모할 수 있도록 체크 리스트를 수첩에 넣어가지고 다니는 방법도 추천합니다.

참고로 저는 수첩에 '비즈니스 아이디어', '메일 매거진과 블로그에 올릴 내용', '인상 깊은 말' 같은 항목을 만들어놓고, 거기에 해당되는 내용을 찾거나 좋은 생각이 떠올랐을 때 즉시 메모하고 있습니다.

평소에 늘 의식하고 있으면 놓치는 일이 적어지니 여러분도 꼭 해보시기 바랍니다. 사소한 부분도 놓치지 않기 위한 체크 리스트의 예시가 다음 페이지에 실려 있으니 참고하세요.

사소한 것들을 놓치지 않기 위한 체크 리스트

① 보고 사항

☑ 자사 상품이나 서비스에 대해 거래처에서 지적한 부분은 없었나?

☑ 상사나 자사에 대해 거래처에서 언급한 내용은 없었나?

☑ 신문, 잡지, TV 등에서 자사나 업계, 동종 경쟁 업체의 기사를 본 것은 없었나?

☑ 거래처나 고객으로부터 뭔가 기분 좋은 피드백을 받은 것은 없었나?

☑ 거래처나 고객의 불만이나 지적 사항은 없었나?

☑ 독단적으로 처리해버린 문제는 없었나?

☑ 동종 업계에서 뭔가 새로운 움직임이 보이진 않는가?

② 연락 사항

☑ 거래처에서 상사에게 전하는 말은 없었나?

☑ 잊어버리고 상사에게 보고하지 않은 사항은 없는가?

③ 상담 사항

☑ 방문처에서 대답하기 곤란한 질문을 받은 것은 없었나?

☑ 거래처에서 요청한 사항 중, 시행 여부에 대한 판단이 잘 되지 않는 것은 없는가?

☑ 내 권한으로 처리할 수도 있지만, 만일에 대비해 상사에게 조언을 구하고 싶은 문제는 없는가?

---

④ 제안 사항

☑ 상품 개발이나 판매 촉진 등에 대해 떠오른 아이디어는 없는가?

☑ 타 업종의 성공 사례 중에서 자사에 응용할 만한 것은 없는가?

☑ 업무 효율을 위해 개선했으면 하는 부분은 없는가?

☑ 고객에게 상품이나 서비스에 대한 아이디어나 요구 사항을 들은 것은 없는가?

무턱대고 방문 영업을 하던 초창기에 저는 자연스럽게 말을 붙이는 요령이 없어서 문전 박대당하기 일쑤였습니다. 타 업계 종사자들과의 동호회나 세미나에 참석해서도 제가 먼저 옆 사람에게 말을 거는 일은 거의 없었습니다. 하지만 그랬던 저도 이제는 초면인 사람과 그다지 긴장하지 않고 말을 틀 수 있게 되었습니다. 그 계기는 바로 한 장의 명함이었지요.

Business Writing ::

한 장의 명함으로 친근하게 다가간다!

5

Business Writing #17

이야깃거리를 넣어 대화의 물꼬를 튼다

아무리 적극적인 성격이라도 초면인 사람에게 말을 붙이기란 쉽지 않습니다. 낯선 이에게 다가갈 때는 누구나 본능적으로 두려움이 들기 때문이지요. 더구나 내성적인 사람이라면 그것을 극복하는 데 엄청난 각오와 노력이 필요합니다.

사실 제가 그랬습니다.

무턱대고 방문 영업을 하던 초창기에는 사람들에게 자연스럽게 말을 붙이는 요령 없이 다짜고짜 본론으로 들어가곤 해서 "우린 그런 거 필요 없어요." 하고 문전 박대당하기 일쑤였지요.

타 업계 종사자들과의 동호회나 세미나에 참석해서도 제가 먼저 옆 사람에게 말을 거는 일은 거의 없었습니다.

물론 머릿속으로는 '편하게 세상 돌아가는 얘기를 하면서 상대방의 경계심을 푸는 게 좋다'라든가, '인맥을 넓히려면 내가 먼저 적극적으로 나서야 한다'는 것을 알고 있었지만, 정작 입이 떨어지지 않았습니다.

세상 돌아가는 얘기라는 것도 구체적으로 무슨 말부터 꺼내야 할지 모를뿐더러, 우연히 옆자리에 앉았을 뿐인 낯선 사람에게 말을 거는 게 좋은 건지 아닌지도 몰랐거든요.

하지만 그랬던 저도 이제는 초면인 사람과 그다지 긴장하지 않고 말을 틀 수 있게 되었습니다. 그 계기는 바로 한 장의 명함이었지요.

- 직업 마케팅 라이터
- 캐치프레이즈 언어의 마술사(자기 입으로 말하지 마랏!)
- 닉네임 호리 씨
- 자기소개 1965년 1월 1일, 나라현 출생, 산양자리, A형
  지금부터 20년도 훨씬 전에 들은, '도시짱'과 닮았다는 얘기를
  아직도 자랑으로 여기고 있는 좀 장난기 많은 관서인
- 주요 저서 《'쓰는' 마케팅》(아스카 출판사), 《아는가? 정치의 얼개》(다이아몬드 사)
- 메일 매거진 〈'쓰는' 마케팅 – 사고 싶게 만드는 광고 카피 쓰는 법〉
  등록은 여기로 → http://www.elm-p.com/mag2.htm

이 명함을 사용하게 되면서부터 그렇게나 힘들던 명함 교환이 그다지 괴롭지 않은 일이 되었습니다. 눈길 끄는 요소들로 가득한 명함을 사용하니 커뮤니케이션이 한결 수월해진 덕분이었지요. 이렇게 '기괴한(?)' 명함을 받고 그 자리에서 지갑에 쏙 넣어버릴 사람이 과연 있을까요?

명함을 받은 사람들은 저에게 이런저런 질문들을 자연스럽게 하기 시작했습니다. 소극적인 성격이었던 저로서는 대화를 주도적으로 이끌어가는 것보다 질문에 대답하는 쪽이 훨씬 쉬웠지요. 그리고 사람들이 하는 질문도 대부분 예상이 가능해서, 거기에 대한 대답도 확실하게 준비해둘 수 있었습니다.

예를 들어 명함 앞면에 제일 크게 적혀 있는 '쓰면 된다!'라는 캐치프레이즈가 무슨 뜻이냐는 질문을 받을 때는 이렇게 대답했습니다.

"실은 이건 저의 책《'쓰는' 마케팅》의 제목 후보들 중 하나였습니다. 저는 꽤 마음에 들었는데 애석하게도 탈락하고 말았어요. 그래서 이렇게 명함에라도 써봤습니다."

또 카피라이터가 아닌 '마케팅 라이터'라는 생소한 직함을 써서 사람들이 "마케팅 라이터는 어떤 직업이지요?"라며 흥미를 갖고 물어보도록 유도했고, 뒷면에는 위트 있는 자기소개 글을 실어서 '나'라는 사람의 캐릭터를 일일이 설명하지 않고도 손쉽게 어필할 수 있게 했습니다.

거기다 짤막한 신상 정보는 상대방이 저와의 공통점을 찾아 친밀감을 느끼게 하는 효과도 주었습니다.

"아이고, 나라현 출신이세요? 저도 관서 사람입니다." 하고 화제가 생기면 어느새 서먹함은 사라지고 편하게 이야기를 나눌 수 있게 되었습니다. 서로의 공통점을 발견하면 경계심이 풀어지는 심리를 이용했던 거지요.

여하간 명함에 이런저런 시도들을 함으로써, 내성적이고 소극적이었던 저도 처음 보는 사람들과 자연스럽게 대화할 수 있게 되었습니다.

Business Writing #18

상대방을 끌어들이는 장치를 심는다

일반적으로 명함은 나 자신에 대한 정보를 상대방에게 알리기 위해 씁니다. 즉, 일방적인 커뮤니케이션이라고 할 수 있겠지요.

하지만 저는 본격적으로 명함을 활용하게 되면서, 어떻게 하면 명함을 사람들과 소통하는 수단으로 이용할 수 있을까 고민하게 되었습니다. 나름대로 독특하고 신선하다고 자부했던 제 명함에도 결점이 있다는 사실을 깨닫게 되었거든요.

앞에서 보여드렸던 명함을 맨 처음 만들 때 저는 명함을 받은 사람들이 '메일 매거진'에 등록하도록 유도하고 싶다는 생각을 했습니다. 그런데 실제로 명함을 교환해보니 좀처럼 메일 매거진에 대한 얘기를 꺼내기가 힘들더군요.

사람들은 제 명함을 받고 '쓰면 된다!'나 '마케팅 라이터'에 대해서는 질문들을 해왔지만, 메일 매거진에 대해서는 거의 물어보지 않았습니다.

그럼 제가 먼저 나서서 "제가 메일 매거진을 발행하고 있는데, 괜찮으시다면 등록해주시겠어요?" 하고 말하면 될 텐데, 원체가 소극적인 성격이다 보니 그 한마디를 건네는 것도 쉽지 않았습니다.

'오늘은 꼭 메일 매거진 얘기를 해야지!'라고 단단히 마음을 먹어도, 결국은 말을 꺼낼 타이밍을 잡지 못해 또 그냥 지나쳐버리는 일이 허다했지요.

그래서 저는 명함을 교환할 때 어떻게 하면 자연스럽게 메일 매거진에 대한 얘기를 꺼낼 수 있을지, 또 어떻게 하면 사람들이 메일 매거진에 등록하도록 할 수 있을지를 몇 날 며칠 고민했습니다.

그 결과 이런 아이디어가 떠올랐습니다.

그건 바로 명함에 추첨 번호를 매기는 것이었습니다. 저는 명함마다 우측 상단에 빨간색 펜으로 세 자리 숫자를 적었습니다. 깔끔하게 인쇄된 명함에 '123' 하고 빨간 글씨를 써놓으니 단연 눈에 띄었습니다.

그 숫자들은 자연히 눈길을 끌게 될 것이고, 명함을 받은 사람들은 그게 무슨 의미인지 궁금해 할 것이라 생각했습니다.

예상대로 사람들은 명함을 받자마자 가장 먼저 "이 숫자는 뭔가요?"라고 물어왔습니다. 그러면 저는 미리 준비해두었던 대답을 하곤 했지요.

"아, 그건 추첨 번호입니다."

호기심이 생긴 상대방은 재차 질문을 합니다.

"추첨이라니, 뭘 추첨하는 거죠?"

그럼 또 저는 시나리오대로 이렇게 얘기해줍니다.

"명함을 받은 분들 중 번호를 뽑아서, 제가 판매하고 있는 1만 엔 상당의 CD 교재를 선물로 드리는 겁니다. 추첨은 매주 한 번 하고 있어요."

이쯤 되면 대부분 눈을 반짝이며 이렇게 묻습니다.

"그럼 추첨 결과는 어디서 알 수 있나요?"

네, 눈치 빠른 분들은 벌써 짐작하셨을 겁니다. 저는 회심의 미소를 지으며 이렇게 대답합니다.

"제가 매주 메일 매거진을 발행하고 있는데, 거기서 발표하고 있습니다. 혹시 괜찮으시다면, 제가 메일 매거진에 대신 등록해드리겠습니다. 그러면 매주 화요일에 메일 매거진을 받아 보실 수 있고, 거기서 당첨 여부를 확인하실 수 있거든요. 아, 물론 메일 매거진 구독료는 무료입니다."

이렇게 말하면 대개가 "그럼 등록해주세요."라고 흔쾌히 얘기합니다.

이 방법으로 저는 사람들이 자연스럽게 메일 매거진에 등록하도록 할 수 있었습니다. 애초의 목적이 자연스럽게 달성된 것이지요.

단순해 보이는 명함도 적극적인 홍보 수단으로 쓸 수 있는 방법은 무궁무진합니다. 거기에 어떤 '장치'를 넣느냐, 그게 관건입니다.

Business Writing #19

개성을 담은 개인 명함을 만든다

여러분은 맨 처음 자기 명함을 갖게 된 순간을 기억하나요? 사회인으로서 한 사람의 역할을 하게 되었다는 뿌듯함과 가슴 벅찬 감격을 아마 누구나 느껴봤을 겁니다.

이렇듯 명함은 사적인 의미보다 공적인 의미가 큽니다. 그래서 명함의 형식과 내용도 회사의 일정한 기준에 따라 정해지게 되지요.

그렇기 때문에 제가 앞서 소개했던 대로 명함에 이런저런 시도를 해보기엔 무리가 있는 것도 사실입니다. 여러분이 회사에서 지급받은 명함을 사용하는 경우에는 마음대로 자기 사진을 넣거나, 독특한 자기소개 글을 쓰거나, 추첨 번호를 매기기가 어려울 수밖에 없지요.

그래서 제가 권하고 싶은 것이 바로 개인 명함입니다.

회사 명함과 별도로 자기 명함을 만드는 것이지요. 한 사람의 명함이 꼭 한 가지여야 할 이유는 없지 않습니까?

회사에서 주어진 명함만으로 뭔가 미진한 느낌이 든다면, 형식에 제약이 없는 개인 명함을 자유롭게 만들어보는 겁니다.

그래서 타 업계 종사자들과의 모임이나 세미나 등에서 자기를 알리고 싶을 때, 자신에 대한 정보를 가득 담은 개인 명함을 건네는 것이지요. 친해지고 싶은 거래처 담당자에게 주어도 좋고, 방문 영업을 할 때 친근하게 다가가기 위해 사용해보는 것도 좋습니다.

최근 들어 이렇게 개인 명함을 갖는 사람들이 늘어나고 있긴 하지만, 그래도 아직까지는 드물기 때문에 주변의 이목을 끌 수 있습니다.

자신의 사진이나 캐리커처를 이용한 명함은 친근감을 주고, 달력이나 지하철 노선을 그려 넣은 명함은 실용성이 있어서 항상 가지고 다니도록 할 수 있겠지요.

제가 아는 어떤 영업자는 지폐처럼 생긴 명함을 만들어서 가지고 다닙니다. 색깔이며 모양이 실제 지폐와 거의 똑같아서, 맨 처음 그 명함을 건네받으면 신기해서 자꾸만 들여다보게 됩니다. 그런 명함을 건네준 영업자가 깊은 인상으로 남는 건 물론이겠지요.

그런데 이렇게 개인 명함을 만들어서 회사 명함과 같이 가지고 다니다 보면, 약간 곤란한 점이 생기게 됩니다. 각각의 명함을 건네는 '타이밍'을 맞추기가 어렵다는 겁니다. 한 장을 미리 주고 나면, 나머지 한 장은 언제 주어야 할지 애매해지기 때문이지요.

이때 좋은 방법이 있습니다.

명함 두 장을 같이 주는 것인데, 절반쯤 겹쳐서 두 장이 모두 보이도록 해서 건네면 됩니다. 그러면 번거로움도 줄이고, 받는 사람 입장에서도 명함이 두 장이라는 사실을 한번에 알 수 있거든요.

이때 상대방이 "명함이 두 개네요?" 하고 물어오면, "하나는 제가 개인적으로 만든 명함입니다. 소중한 분들에게만 드리는 것이지요."라며 상대방이 특별 대우를 받는 기분이 들게 할 수도 있습니다.

명함은 ‘제2의 얼굴’이라고도 합니다. 명함을 주는 것은 상대방에게 맨 처음 자신을 소개하는 일인 만큼, 자기의 첫인상을 좌우하는 데 결정적인 역할을 합니다.

그러니 기왕이면 호감과 관심을 불러일으키는 명함으로 한 걸음 더 다가서야 하지 않을까요?

Business Writing #20

특이한 직함을 붙여 궁금증을 유발한다

업무상 새로운 사람을 알게 되었을 때 가장 관심을 갖게 되는 부분은 무엇일까요?

이름? 나이? 연락처?

모두 아닙니다.

그것은 다름 아닌 '직함'입니다.

한 사람의 정체성을 설명해주는 직함은 상대방을 파악하는 데 가장 기본적인 정보가 됩니다. 그렇기에 개인 명함을 만들 때도 직함은 반드시 넣어야 할 필수 항목이지요.

일반적으로 직함이라고 하면 팀장, 과장, 매니저 같은 직책을 떠올리는 사람이 많을 겁니다. 그러나 여기서 말하는 직함이란 그런 종류가 아닙니다.

저의 경우를 예로 들자면, 저는 '문장 컨설턴트'나 '마케팅 라이터'를 직함으로 쓰고 있습니다. 저와 명함을 교환했던 수많은 사람들 중에는 이렇게 특이한 직함을 사용하는 사람들도 있더군요.

:: 싱크로니스트

:: 책 소믈리에

:: 행운 전도사

:: 춘란 소생 프로듀서

:: 입소문 어드바이저

:: 정보 무술인

:: 귤 코치

이런 직함이 쓰여 있는 명함을 받으면 '어떤 일을 한다는 거지?' 하는 궁금증이 자연히 들게 됩니다.

이게 바로 중요 포인트입니다. 궁금해서 물어보지 않고는 못 배길 만한 직함을 붙이는 것! 일단 상대방이 궁금증과 호기심에 질문을 하게 되면, 그때부터는 일사천리로 이야기가 풀려나갑니다.

질문을 한다는 건 그에 대해 알고 싶다는 뜻입니다. 그렇게 되면 경계심을 풀고 먼저 다가오게 되지요. 상대방은 내가 하는 말에 귀 기울이기 때문에 자연스럽게 대화를 이어갈 수 있습니다.

그런데 상대방이 묻지도 않았는데, 먼저 나서서 자기소개를 장황하게 하는 경우가 간혹 있습니다. 그건 물건을 살 마음이 없는 사람에게 강제로 물건을 떠안기는 일이나 다름없습니다. 그런 행동은 오히려 거부감이 들게 해서 역효과를 불러일으킵니다.

처음 만나는 사람에게 호감을 주려면 자기에 대해 관심을 갖도록 하는 게 우선이겠지요.

그 첫 단계로 흥미를 끌 만한 직함을 명함에 넣어 친밀감을 쌓고 공감대를 형성해봅시다. 그러면 낯선 이에게 가졌던 경계심은 어느새 사라지고, 마음의 문이 활짝 열릴 겁니다.

궁금증이 자꾸만 생기는 명함, 이것이 그 열쇠입니다.

Business Writing #21

위트 있는 자기소개 글을 쓴다

입사 원서를 낼 때 이력서와 함께 꼭 필요한 것이 있습니다. 바로 자기소개서죠. 이력서가 객관적인 경력 사항을 나타내는 서류라면, 자기소개서는 자신만의 개성과 특색을 보여주는 글이라고 할 수 있습니다.

그렇다면 자기소개서는 왜 쓸까요? 수많은 사람들 속에서 자신을 차별화시키기 위해서겠지요. 따라서 진부하고 상투적인 글은 묻힐 수밖에 없습니다.

명함도 마찬가지입니다. 일반적인 명함에 비해 몇 가지 정보를 더 담는다고 해도, '1965년 나라현 출생, 산양자리, A형' 같이 무미건조한 프로필만 덜렁 써놓으면 그다지 인상에 남지 않겠지요.

물론 기본적인 신상 정보가 아예 없는 명함에 비하면 훨씬 낫습니다. 상대방이 거기서 자신과의 공통점을 찾아 친근감을 느낀다면 그로써도 의미가 있을 테니까요.

하지만 기왕에 자기소개를 하는 바에는 상대방의 머릿속에 확실하게 각인되도록 해야 하지 않을까요?

명함에 들어가는 자기소개 글은 최대한 많은 정보를 주는 게 목적이 아닙니다. 초점을 맞춰야 할 부분은 '나의 어떤 점을 부각시킬 것인가'입니다.

그러니 너무 진지할 필요는 없습니다. 오히려 살짝 농담 섞인 재치 있는 표현이 개성을 살리는 데 더 효과적일 수 있습니다.

앞에서도 공개했지만 저는 명함에 이런 자기소개 글을 써놓았습니다.

'1965년 1월 1일, 나라현 출생, 산양자리, A형. 지금부터 20년도 훨씬 전에 들은, '도시짱'과 닮았다는 얘기를 아직도 자랑으로 여기고 있는 좀 장난기 많은 관서인'

이걸 읽고 픽 웃음을 터뜨리는 사람들을 꽤 봤습니다. 저로서는 바로 그 점을 노렸기 때문에 목적을 달성한 셈이지요. 나

중에도 이 부분을 오랫동안 기억해주는 사람들이 많더군요.

취미가 독서나 골프라고 소개하는 사람들을 자주 볼 수 있는데, 사실 너무나 흔해서 그 정도로는 전혀 눈길을 끌지 못합니다. 듣고도 그냥 잊어버릴 가능성이 크지요.

"그렇지만 내 취미는 진짜 독서인데?" 하는 사람들은 어떻게 하면 좋을까요?

간단합니다. 뭔가 재치 있는 한마디를 덧붙이면 됩니다.

예를 들면 이런 식으로 말이죠.

:: 취미는 독서(오로지 추리 소설만…)

:: 취미는 골프(고질적인 슬라이스 병으로 고생하고 있습니다)

어찌 보면 별것 아닌 듯해도, 이런 표현이 덧붙여진 것과 아닌 것은 전혀 다른 인상을 풍깁니다. 중요 포인트는 '기억에 남는 명함'이라는 사실! 꼭 기억해둡시다.

Business Writing #22

공감할 수 있는 자신의 꿈을 적는다

"꿈을 종이에 쓰면 이루어진다."는 말이 있습니다. 실제로 여러 유명인들의 사례를 통해서 입증된 사실이라고 하니, 영 터무니없는 소리만은 아닌 듯합니다.

누구나 하나씩은 마음속에 품은 꿈이 있을 겁니다. 그것이 실현 가능성이 있든 없든 간에, 꿈이 있다는 것은 그 자체로 희망적인 일이지요.

어떤 꿈을 갖고 있는지 들어보면 그 사람이 어떤 사람인가를 알 수 있다고 합니다.

그런 점에서 저는 명함에 자신의 꿈을 쓰는 것도 자기를 표현할 수 있는 좋은 방법이라고 생각합니다.

그러나 어떤 경우에는 명함에 쓰지 않는 편이 나은 것도 있습니다.

예를 들면 이런 식의 꿈이지요.

'연봉 5,000만 엔. 하와이에 호화로운 별장을 짓는 것'

멋진 꿈이긴 합니다. 하지만 응원하고픈 마음이 별로 들지는 않죠?

그럼 이런 꿈은 어떤가요?

'아이들이 맘 놓고 뛰어놀 수 있는 '갯벌 학교'를 만드는 것'

이런 꿈이라면 아이를 키우고 있는 부모로서 상당히 공감가기에 순수하게 응원해주고 싶어집니다.

어떤 세미나에 참석한 사람들에게 어느 쪽 꿈에 더 공감하는지 물어봤더니, 전자라고 대답한 사람은 약 15%였고 나머지 85%는 후자를 선택했습니다.

그 차이는 그것이 '개인적인 꿈'에 그치느냐, 아니면 '사회적으로도 의미 있는 꿈'이냐 하는 데 있습니다. 그 꿈에 진심으로 응원해주고 싶은 마음이 드는가 아닌가로 판단할 수도 있겠지요.

개인적인 꿈이 나쁘다는 뜻은 아닙니다. 그러나 '아이들을 위해 갯벌 학교를 만들고 싶다'는 것처럼, 사회적으로 의미 있는 꿈이 사람들에게 더 큰 공감을 얻을 수 있는 것은 분명합니다.

지금 여러분이 갖고 있는 꿈이 다른 사람들의 응원을 받을 수 있을지 한번 생각해보는 건 어떨까요?

Business Writing #23

자신만의 캐치프레이즈를 적는다

개인 명함을 만들 때 꼭 집어넣어야 하는 것이 바로 '캐치프레이즈'입니다.

캐치프레이즈는 주로 광고나 선전물에서 쓰이는 것으로, 짧고 강렬한 한 줄의 문구를 뜻하는 말입니다. 한눈에 들어오는 캐치프레이즈를 명함에 넣는다면 사람들의 시선을 사로잡을 수 있겠지요.

명함에 활용할 수 있는 캐치프레이즈는 '업무용'과 '개인용'으로 나뉩니다. 이 두 가지를 잘 활용하면 명함도 뛰어난 홍보 매체로 쓸 수 있답니다.

먼저 업무용 캐치프레이즈는, 홍보하려는 상품이나 서비스에 대해 호기심을 불러일으키는 것이 목적입니다. 따라서 상대방의 눈길을 단숨에 끌 수 있도록 가장 눈에 잘 띄는 곳에 배치해야 합니다.

업무용 캐치프레이즈를 읽은 사람이 이런 반응을 보인다면 더할 나위 없을 겁니다.

"어, 이건 뭐지요?"

"여기에 대해서 자세히 설명 좀 해주시겠어요?"

"와아~ 정말 대단하네요!"

예전에 제가 본 것 중에 가장 인상 깊었던 캐치프레이즈는 바로 이것이었습니다.

'자동차 보험료, 반으로 줄여보지 않겠습니까?'

순간 저도 모르게 "그게 정말 가능한가요?"라는 말이 튀어 나오고 말았지요.

참고로 비즈니스용 캐치프레이즈의 유형에는 이런 것들이 있습니다.

:: ○○료, 너무 비싸다고 생각하지 않습니까?

:: 요즘 ○○ 때문에 부담되시죠?

:: ○○가 새롭게 바뀐 것, 알고 계십니까?

이런 업무용 캐치프레이즈는 호기심을 자극해서 상대방이 질문을 던지게끔 유도하는 역할을 합니다. 상대방이 먼저 관심을 보이게 되면, 거기에 대해 대답을 해주는 식이기 때문에 상품 설명이나 홍보에 대해 상대방이 큰 부담을 느끼지 않겠지요.

그 다음으로 개인용 캐치프레이즈는 자신에게 관심을 갖도록 하거나, 자신의 캐릭터를 설명하거나, 자신에 대한 신뢰감을 주기 위해 집어넣습니다.

제가 본 개인용 캐치프레이즈 중에서 정말 위트 있다고 느꼈던 것은 《왠지 인사만으로 팔려버리는 영업법》의 저자이자 영업 컨설턴트인 키도 가즈토시 씨의 명함에 쓰여 있던 캐치프레이즈였습니다.

'9층 옥상에서 떨어져도 멀쩡한 행운의 사나이'

어떤가요? 정말 허풍이 심하지요? 그러나 재치가 넘칩니다. 이렇게 개인용 캐치프레이즈는 상대방을 웃게 만들 수 있다면 그것만으로도 의미가 있습니다.

보통 많이 쓰는 개인용 캐치프레이즈 유형으로는 이런 것들이 있습니다.

:: ○○의 마술사

:: ○○의 풍운아

:: ○○의 전도사

:: ○○ 외길 20년

:: 이래 봬도 원조 ○○

:: 라이벌은 ○○입니다!

:: ○○에 대한 것이라면 일단 맡겨주세요!

이처럼 자기를 설명해주는 캐치프레이즈를 내걸고 있는 사람은 거의 없으니, 이것을 쓰는 것만으로도 많은 주목을 받을 수 있습니다. 자신을 단 한마디로 설명할 수 있는 말이 무엇인지 지금부터 한번 고민해봅시다.

:: 영업 컨설턴트 키도 가즈토시 씨 명함 ::

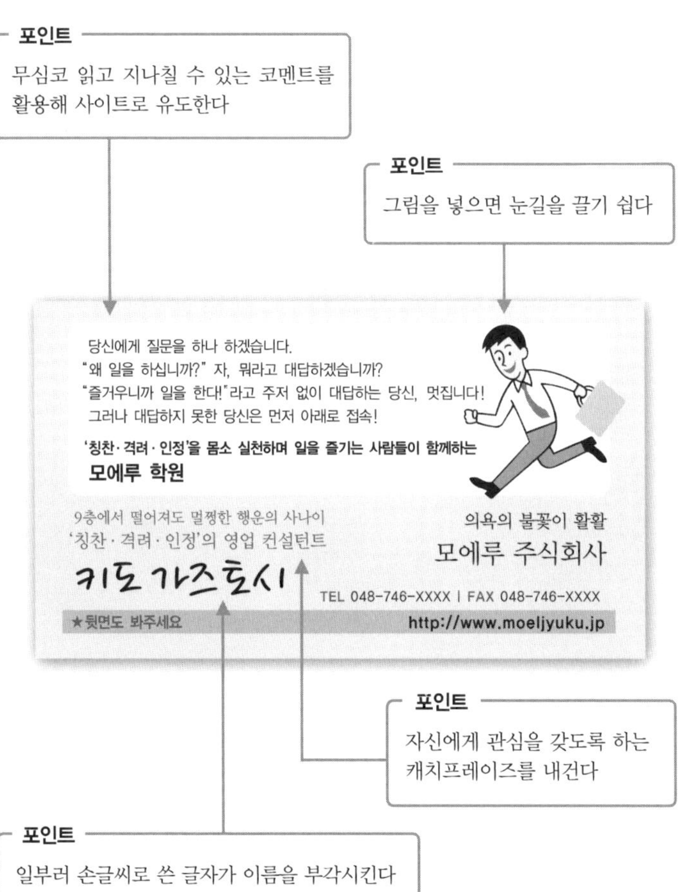

여러분은 기획서를 쓸 때 어느 부분에 가장 신경을 쓰나요? 저는 기획서의 성패를 좌우할 만큼 중요한 것이 바로 '제목'이라고 생각합니다. 수많은 종류의 기획서를 써본 경험으로 내린 결론이지요. 무난한 제목으로 과연 시선을 끌 수 있을까요? 평범한 제목의 기획서에 참신한 내용이 담겨 있을 거라고 기대하는 사람은 아마 없을 겁니다.

Business Writing ::

한 장의 기획서로 설득한다!

6

Business Writing #24

제목 한 줄이 성패를 좌우한다

좋은 기획서란 무엇일까요?

너무 막연한 질문인가요? 그렇다면 질문을 조금 바꿔보겠습니다. 여러분은 기획서를 쓸 때 어느 부분에 가장 신경을 쓰나요?

저는 기획서의 성패를 좌우할 만큼 중요한 것이 바로 '제목'이라고 생각합니다. 수많은 종류의 기획서를 써본 경험으로 내린 결론이지요.

예전에 저는 '판촉 기획에 대한 제안', '사업 기획서', '신상품 기획에 관하여'처럼 아무 특색 없는 제목들을 쓰곤 했습니다. 내용이 더 중요하다고 생각해서 제목에는 그다지 신경을 쓰지 않았던 거지요.

그런데 제가 기획서나 제안서를 검토하는 입장이 되고 보니, 그제야 제목의 중요성이 인식되기 시작했습니다. 수많은 기획서 중에서 먼저 손이 가는 쪽은 제목이 흥미로운 것이었거든요.

왜 기획서를 쓰는지 한번 생각해봅시다. 자신이 추진하고자 하는 일을 제안하고 설득하기 위해서겠죠. 그러려면 관심을 갖고 읽도록 만들어야 합니다. 제목이 중요한 이유가 여기에 있습니다.

그런데 그저 무난한 제목으로 과연 시선을 끌 수 있을까요? 평범한 제목의 기획서에 참신한 내용이 담겨 있을 거라고 기대하는 사람은 아마 없을 겁니다.

읽고 싶은 마음이 들지 않는다는 건, 애써 만든 기획서가 방대한 서류 더미 속에 묻혀버릴 가능성이 크다는 말과 다를 바 없습니다.

여러분이 회사의 홈페이지 책임자라고 가정해보세요. 골치 아픈 회의를 마치고 자리로 돌아왔는데, 어느 디자인 회사에서 보내온 기획서 하나가 책상 위에 놓여 있습니다.

여러분이라면 이 제목의 기획서를 당장 읽어볼 것 같은가요?

'홈페이지 제작에 대한 제안'

자신이 먼저 급하게 부탁했던 기획서라면, 이런 제목이라도 '기다렸습니다!' 하고 즉시 읽기 시작할지도 모릅니다. 하지만 외부 업체에서 무작정 보내온 기획서라면 열 일을 제쳐두고 펼쳐보게 되지는 않을 겁니다.

시간의 여유가 생기면 훑어보겠지만 '정말로 읽고 싶다'는 충동에 이끌려 페이지를 넘기게 되는 일은 아마 없으리라 봅니다. 거기다 이런 식으로 영업을 해오는 경우가 빈번하다면, '또야?' 하고 자세히 들여다보지 않을 가능성이 크지요.

그런데 만약 책상 위에 다음과 같은 제목의 기획서가 놓여 있다면 어떨까요?

홈페이지 접속자들은 많은데,
도대체 왜 상품은 팔리지 않는 걸까요?

-'팔리는' 홈페이지 제작에 대한 역발상 제안-

※ 저희 회사의 '드래곤 스타 방식'으로 바꾼 고객 홈페이지의 상품 판매율은 평균 10.08%에 달하고 있습니다

저라면 아무리 바빠도 표지를 넘겨 탐독하기 시작할 겁니다. 왜냐하면 기획서의 제목을 본 순간, 이런 것들이 궁금해지기 때문이지요.

'홈페이지를 만들긴 했는데 그동안 상품이 팔리지 않았던 이유는 뭐지?'

'역발상은 어떤 의미일까?'

'드래곤 스타 방식이란 건 뭘까?'

'어떻게 평균 10.08%라는 높은 판매율이 가능했을까?'

기획서는 무엇보다 '읽고 싶게' 만들어야 합니다.

어떤 경기라도 본선에 진출하기 위해선 예선을 거쳐야 하죠. 기획서의 제목은 예선을 통과하기 위한 첫 번째 관문과도 같습니다.

Business Writing #25

눈길을 사로잡는 제목의 4가지 포인트

그렇다면 읽고 싶게 만드는 기획서의 제목은 어떤 요건을 갖추어야 할까요? 좋은 제목의 포인트는 다음의 4가지로 꼽을 수 있습니다.

첫째, 문제점을 콕 집어주는 캐치프레이즈를 씁니다.

앞에서 소개했던 예가 바로 여기에 해당됩니다. '홈페이지 접속자들은 많은데, 도대체 왜 상품은 팔리지 않는 걸까요?'

홈페이지 담당자가 안고 있는 고민이나 문제점을 콕 집어줌으로써, 상대방의 심금을 울릴 수가 있습니다. 다만 무조건 문제를 '제기'하는 것이 능사는 아니죠. 기획의 내용은 그 문제를 '해결'하는 데 초점이 맞춰져 있어야 합니다.

둘째, 어떤 내용인지 알 수 있는 부제목을 달아줍니다.

방금 말한 캐치프레이즈만으로는 사실 어떤 기획이나 제안을 하는 건지 정확히 알기 힘듭니다. 그렇기 때문에 "'팔리는' 홈페이지 제작에 대한 역발상 제안'이라는 부제목을 달아 구체적으로 설명해주어야 합니다.

또 '저희 회사의 '드래곤 스타 방식'으로 바꾼 고객의 홈페이지 성공률은 평균 10.08%에 달하고 있습니다'와 같이, 실적을 어필하는 문장을 집어넣는 것도 효과적입니다.

셋째, 상대방이 혹할 만한 키워드를 집어넣습니다.

앞에 나왔던 기획서가 성공적이었던 이유는 '역발상', '팔리는', '드래곤 스타 방식', '성공률' 같은 키워드들이 상대방의 흥미를 끌 수 있었기 때문입니다.

여기서 말하는 키워드에는 두 종류가 있는데요. 하나는 '팔리는'이나 '성공률'처럼 상대방이 늘 관심을 갖고 있던 부분에 대한 것이고, 또 하나는 '역발상', '드래곤 스타 방식'처럼 호기심이 들게 만드는 것입니다.

따라서 제목을 지을 때는 이 두 종류의 키워드가 모두 들어가도록 하면 눈길을 사로잡는 기획서로 만들 수 있습니다.

넷째, 구체적인 숫자를 적습니다.

제목에 숫자가 들어가면 기획서는 훨씬 더 신뢰감을 줄 수 있습니다. '매출을 두 배로 올리는 판촉 기획'이나 '경비를 30% 줄이는 아이디어'처럼 수치를 넣어주면 제목이 정확하고 구체적으로 보입니다.

더욱이 앞의 기획서에서 '성공률은 평균 10.08%'를 쓴 것처럼 상세한 수치를 쓴 경우에는 '10%'처럼 딱 떨어지는 숫자보다 더 신빙성이 있어 보여 설득력을 높이는 효과가 있습니다.

이상 4가지 포인트를 염두에 두면서 기획서의 제목을 생각해보세요. 그러면 여러분의 기획서가 채택될 확률이 틀림없이 높아질 겁니다.

또 기획서의 제목을 떠올릴 땐, 책 제목이나 잡지의 특집 기사 제목 등을 참조하는 것도 좋습니다. 읽고 싶은 마음이 저절로 들었던 제목을 메모해두는 것도 좋은 방법이고요.

Business Writing #26

기획의 '히스토리'를 담는다

앞서 말한 것들은 어떻게 하면 자신의 기획서에 흥미를 갖도록 할 것인가 하는 길잡이 같은 얘기였습니다. 그럼 계속해서 기획서의 알맹이에 대한 부분을 말씀드리고자 합니다.

기획서에 들어가야 하는 항목은 여러 가지가 있지만, '어떻게 해서든 이 기획을 실현시키고 싶다!'는 간절한 마음은 정작 빠트리게 되는 경우가 많습니다.

물론 기획서라는 것이 개인의 생각을 담는 글이 아니라, 한 조직의 일원으로서 제안하는 글이기 때문에 지나친 감정 표현은 자제할 필요가 있습니다.

하지만 기획에 대해 개인적으로 갖고 있는 간절한 생각이 있다면, 그것을 전면에 내세워 표현해주는 것이 좋습니다. 아무리 넘치는 의욕을 갖고 있어도 그것을 드러내지 않으면 아무도 알아주지 않습니다.

그 간절한 마음을 상대방이 느낀다면 '어떻게든 해주고 싶다'는 생각을 하게 될 겁니다. 냉철한 비즈니스 세계라고는 해도 결국은 사람이 하는 일이고, 뜨거운 열정을 품고 있는 사람을 응원해주고 싶어지게 마련이니까요.

그렇다고 무작정 '하고 싶다', '꼭 필요한 일이다'라고만 할 게 아니라 구체적인 이야기로 설득시켜야 합니다. 다음과 같은 내용을 상세히 적는다면, 열정적인 기획서로 어필할 수 있습니다.

① 언제쯤 이 기획을 구상했나?
② 계기는 무엇이었나?
③ 그때의 심경은?
④ 그 후 기획을 실현시키기 위해 어떤 노력을 해왔나?
⑤ 주위의 반대에 부딪힌 적은 없었나?
⑥ 그런 어려움을 어떻게 극복했나?
⑦ 이 기획의 사회적 의의는 무엇인가?
⑧ 이 기획을 실현시키기 위해 어떤 각오를 갖고 있는가?

이 8가지 항목을 순서대로 연결시켜서 하나의 이야기를 만들어가는 겁니다. 기획서의 마지막 부분에 아래처럼 내용을 덧붙인다면 더욱 효과적이지요.

끝으로 딱 한 가지만 더 말씀드리겠습니다.
이번 기획을 구상하게 된 것은 지금으로부터 3년 전이었습니다. 병원에서 알게 된 한 소년이 무심코 던진 한마디 때문이었지요.
제가 OO 회사에서 일하고 있다는 말을 하자, 그 소년은 이렇게 말했습니다.
"저도 다른 아이들처럼 축구를 하고 싶어요."
소년은 선천적으로 앞을 볼 수 없었기 때문에, 태어나서 한 번도 축구를 해본 적이 없다고 합니다.
그 말을 들은 저는 어떻게 해서든 소년의 꿈을 이루어주고 싶다는 생각이 들었습니다.
그 후로 저는 앞이 보이지 않아도 축구를 할 수 있는 방법을 줄곧 고민했습니다. 시력을 잃은 사람들의 심정을 알기 위해, 눈가리개를 하고서 걸어보기도 했고 점자 공부를 하기도 했습니다.
그러나 일이 그렇게 간단하지만은 않았습니다. 몇 번이고

실패를 거듭할 때마다 '이제 더는 안 되겠다'는 나약한 생각이 들기도 했습니다.
그때 제 마음을 지탱해 준 것은 그 소년이 보낸 한 통의 편지였습니다. 거기에는 빼곡한 점자로 이렇게 쓰여 있었습니다.
"축구를 할 수 있는 날을 손꼽아 기다리고 있어요."
그리고 수많은 시행착오를 거듭한 결과, 마침내 아이디어가 떠올랐습니다. 이 방법이라면 틀림없이 90% 이상의 상품화 가능성이 있다고 확신합니다.
이것이 현실화된다면 그 소년처럼 눈이 보이지 않는 아이들의 꿈이 이루어지게 될 것입니다.
물론 검토하는 입장에서 보시기에 다른 상품에 비해 시장규모가 작을지도 모릅니다. 하지만 이 상품을 세상에 내놓는다면, 앞을 못 보는 아이들이 맛보는 기쁨은 말로 다할 수 없을 겁니다.
이 기획이 통과된다면 제 모든 열정을 쏟아 개발에 앞장서겠습니다. 현명하신 판단을 기대합니다.

조금은 과장된 느낌이 들 수도 있지만, 이것만으로도 기획자의 의도나 간절함을 충분히 파악할 수 있습니다. 맨 처음 이것을 기획하게 된 계기부터 기획의 필요성과 자신이 갖고 있는 열망까지 이 한 장에 모두 담겨 있으니까요.

사람이 무언가를 결정할 때는 마음으로 먼저 택한 뒤에 그 이유를 찾는다고 합니다. 그렇기에 기획서를 쓸 때도 마음을 움직일 수 있는 포인트를 공략하는 것이 중요합니다.

'캐치프레이즈'는 상품이나 서비스 등을 매력적으로 보여주기 위한 광고성 문구를 말합니다. 이런 캐치프레이즈를 이용한 글쓰기 방법은 제목을 뽑을 때 많은 도움이 되지요. 캐치프레이즈를 생각할 때 반드시 고려해야 할 점은 바로 '타깃'입니다. 쉽게 말해서 '누구를 대상으로 하느냐'를 생각해봐야 한다는 거지요.

한 줄의 캐치프레이즈로 마음을 사로잡는다!

7

Business Writing #27

캐치프레이즈를 만드는 7가지 법칙

앞에서도 잠깐 설명했듯이 '캐치프레이즈'는 상품이나 서비스 등을 매력적으로 보여주기 위한 광고성 문구를 말합니다. 이런 캐치프레이즈를 이용한 글쓰기 방법은 제목을 뽑을 때 많은 도움이 되기 때문에, 여기에 대해 구체적으로 소개하고자 합니다.

캐치프레이즈를 생각할 때 반드시 고려해야 할 점은 바로 '타깃'입니다. 쉽게 말해서 '누구를 대상으로 하느냐'를 생각해봐야 한다는 거지요.

만약에 나이 많은 어르신이 타깃일 경우에는 어필해야 할 부분이 어린아이와는 전혀 다를 겁니다. 남성과 여성 간에도 물론 차이가 있고요. 이렇듯 타깃이 다른 경우에는 쓸 수 있는 표현도 완전히 달라질 수밖에 없지요.

그렇기 때문에 대상을 명확히 판단하는 하는 게 캐치프레이즈를 만드는 첫걸음입니다.

타깃이 분명해지면, 그 다음에 생각할 부분은 '무엇을 어필할 것인가' 하는 점입니다. 이때는 타깃으로 하는 대상이 어떤 부분에 끌릴 것인가를 고려해야 합니다.

휴대폰을 예로 들자면, 나이 든 사람을 타깃으로 할 경우에는 디자인적인 측면보다는 간단하면서 사용하기 쉬운 기능을 부각시켜야 하겠죠. 반대로 젊은 여성을 타깃으로 할 때는 감각적이고 세련된 디자인으로 어필하는 게 좋습니다.

이렇게 '누구에게', '무엇을' 어필할 것인가를 분명하게 파악해야 매력적인 캐치프레이즈를 쓸 수 있습니다. 만약 이 두 가지가 서로 들어맞지 않으면 타깃, 즉 독자를 전혀 사로잡을 수 없겠지요.

'누구에게', '무엇을' 어필할 건지 분명해지면 이제 본격적으로 캐치프레이즈를 만들게 됩니다. 독자로부터 반응을 얻을 수 있는 캐치프레이즈에는 다음의 7가지 법칙이 있습니다.

① '뭐?'의 법칙

'뭐, 어째서?'라는 생각이 들게 해서 흥미를 유발한다.

② '앗!'의 법칙

'앗! 이거 내 얘기잖아!'라는 생각이 들게 해서 흥미를 유발한다.

③ '응?'의 법칙

'응? 저게 뭐지?'라는 생각이 들게 해서 흥미를 유발한다.

④ '아하~'의 법칙

'아하~ 그랬구나!'라는 생각이 들게 해서 흥미를 유발한다.

⑤ '속마음'의 법칙

속마음을 드러내서 흥미를 유발한다.

⑥ '숫자'의 법칙

숫자를 집어넣어서 흥미를 유발한다.

⑦ '키워드'의 법칙

관심 있는 키워드를 넣어서 흥미를 유발한다.

이 중에서 '숫자'의 법칙과 '키워드'의 법칙은 앞의 기획서 부분에서 이미 언급했기 때문에 그 부분을 참고하면 될 듯합니다.

'뭐?'의 법칙과 '앗!'의 법칙은 비즈니스 글쓰기 전반에 응용할 수 있는 법칙이므로 뒷부분에서 자세히 설명하기로 하고, 여기서는 나머지 3가지 법칙에 대해 소개할까 합니다.

먼저 세 번째 '응?'의 법칙은 예를 들어 이런 것입니다.

'아십니까, 우리 마을의 '시민장'에 대해?'

저는 처음에 장의사 전단지에 쓰인 이 캐치프레이즈를 봤을 때, '응? 시민장? 국장(국비로 치르는 국가 유공자 장례식)은 들어봤어도 시민장이란 건 못 들어봤는데, 이게 뭐지?'라는 생각에 그 전단지를 끝까지 다 읽게 되었습니다.

이렇게 상대방이 아직 모르고 있음직한 사실이 있을 때 쓸 수 있는 것이 '응?'의 법칙입니다. '주말 기업'이나 '향기 마케팅'처럼 일반 명사를 조합한 신조어가 있을 때도 '○○을 알고 계십니까?'와 같은 식으로 사용할 수 있겠지요.

이어서 네 번째 '아하~'의 법칙의 예는 이런 것입니다.

'지금 인기리에 판매 중!'

마트나 인터넷에서 물건을 구입할 때 이렇게 적혀 있는 상품을 보고 '아하~ 이게 인기 있구나' 싶어서 선뜻 산 적이 있을 겁니다. 인기리에 팔리고 있다는 건 좋은 상품일 것이라는 생각이 은연중에 들기 때문이죠.

영업을 하는 사람들은 '지금 인기리에 판매 중'을 견적서 등에 쓰면 효과가 있을 것이고, 웹 담당자라면 홈페이지에 '히트 상품 베스트 3'라는 코너를 만들어보는 것도 좋을 겁니다.

끝으로 다섯 번째 '속마음'의 법칙에는 이런 예가 있습니다.

'저도 처음에는 반신반의했습니다. 하지만 지금은 없으면 안 될 정도예요.'

이렇게 '처음에는 반신반의했다'는 식으로 속마음을 드러냄으로써 흥미를 유발하는 것이 이 법칙의 특징입니다. '반신반의했다'는 건 사실 마이너스가 될 수도 있는 부분이지만, 그것을 솔직하게 얘기해서 신뢰도를 높이는 것입니다. 약점은 감추려 하는 일반적인 성향을 역이용해서 신뢰를 주는 것이지요.

이상의 3가지 법칙은 특히 마케팅 글쓰기에서 활용도가 높기 때문에, 고객을 사로잡는 표현을 쓸 때 참고하면 좋습니다.

Business Writing #28

모순된 표현으로 눈길을 끄는 '뭐?'의 법칙

앞에서 소개한 7가지 법칙 중에서, 광고나 전단지에서 주로 활용하는 것이 '뭐?'의 법칙과 '앗!'의 법칙입니다.

그럼 이 법칙들을 비즈니스 글쓰기에 적용시킨다면 어떻게 하면 될까요?

먼저 '뭐?'의 법칙에 대해 설명해보겠습니다.

사람들은 모순된 표현에 더 집중하게 되는 심리가 있습니다. 당연하다고 생각하는 것이 뒤집히면 '아니, 어째서?' 하고 관심을 갖게 되는 것이지요.

예를 들면 이런 표현들이 있습니다.

:: 맛없으니까 한 잔 더!

:: 빌린 돈은 갚지 마세요!

:: 집은 절대 사지 마세요!

이런 캐치프레이즈를 보게 되면 그 이유가 궁금해져서 내용을 끝까지 읽게 됩니다. '맛이 없는데 왜 또 마셔?', '빌린 돈을 갚지 말라니, 무슨 말이지?' 하고 궁금증이 생겨 읽지 않고는 못 배기니까요.

이 '뭐?'의 법칙에 해당하는 캐치프레이즈의 포인트는 '모순되는 것을 쓴다', '상식에 어긋나는 것을 쓴다', '일부러 금지한다' 등이 있습니다.

그렇다면 이 법칙을 비즈니스 글쓰기에서 어떻게 활용할 수 있을까요?

하나는 앞서 소개한 기획서의 제목으로 사용하는 경우가 있겠지요. '뭐?'의 법칙을 사용한 제목은 이런 것들이 있습니다.

:: 직원을 늘리지 않고 매출을 세 배로 올린 회사의 전략은?

:: 한 사람도 해고하지 않고 이익을 두 배로 올리는 방법은?

:: 광고 없이도 지명도를 크게 높이는 비책에 대한 제안

이러한 방식의 카피들은 기획서나 광고 외에 보고서나 제안서, 사보 기사 등의 제목으로도 자주 이용됩니다. 모순된 표현은 자극적이어서 손쉽게 사람들의 눈길을 끌 수 있기 때문이지요.

Business Writing #29

대상을 집중 공략하는 '앗!'의 법칙

다음은 두 번째 '앗!'의 법칙입니다.

평소 고민하고 있던 부분을 콕 집어주는 캐치프레이즈는 사람들의 마음에 꽂히기 때문에, '앗!'의 법칙은 앞의 '뭐?'의 법칙과 더불어 흡인력이 있습니다.

'앗!'의 법칙에 해당되는 예를 들자면 이런 것들이 있지요.

:: 사과를 깨물면 잇몸에서 피가 나지 않습니까?

:: ○○ 때문에 고민하시는 분들께

:: ○○료, 어떻게 하면 줄일 수 있을까요?

이런 캐치프레이즈를 보게 되면 '앗! 이거 내 얘기잖아'라는 생각에 자기도 모르게 빠져들게 됩니다. 여기서 명심해야 할 포인트는 '상대방이 신경 쓰고 있는 부분을 공략한다', '특정 대상을 타깃으로 삼는다' 등입니다.

그렇다면 이 법칙은 비즈니스 글쓰기를 할 때 어떻게 적용할 수 있을까요? 하나는 '뭐?'의 법칙과 마찬가지로 기획서의 제목으로 쓰는 것입니다.

예를 들면 이런 제목들처럼 말이죠.

:: 광열비를 절반으로 줄이고 싶은 총무부장님들에게 반가운 소식입니다!
:: 당돌한 부하 직원 때문에 골치가 아픈 팀장님들께
:: 2시간 안에 젊은 직원의 마음을 사로잡을 수 있게 되는 관리직 연수 안내

그 밖에 참가자 모집 안내장이나 사보의 제목 등으로도 사용할 수 있습니다.

:: 최근 혈당치가 신경 쓰이기 시작하신 분들에게 희소식입니다!

:: 평소 쌓인 스트레스를 마음껏 발산하고 싶은 분들에게
  – 노래 교실 신입 회원 모집 안내
:: 외국인이 말을 걸어와서 가슴이 두근두근했던 적이 있는 분들에게
  – 영어 회화 강좌 개최 안내

이렇게 타깃을 확실히 추려내는 것이 '앗!'의 법칙을 사용한 캐치프레이즈의 포인트입니다. 여러 층을 아우르기보다는 해당 타깃을 집중 공략하는 쪽이 훨씬 더 효과적이니까요.

'영어 공부를 하고 싶은 분들에게'처럼 막연하고 포괄적인 표현보다는 '해외여행에서 곤란해지지 않도록 최소한의 영어 회화를 익히고 싶은 분들에게!'처럼 구체적으로 나타내주는 것이 좋습니다.

마음을 사로잡는 캐치프레이즈는 과녁에 쏘는 화살과 같습니다. 목표가 분명해야 정확히 맞출 수 있지요. 따라서 어떻게 해야 좋은 제목을 정할 수 있을까 무작정 생각하지 말고 '누구에게', '무엇을' 어필할 것인지 먼저 고민해봅시다.

일을 하다 보면 업무 협조를 구하거나 부탁을 해야 할 경우가 생깁니다. 그럴 때 쓰는 글이 '제안서'인데, 도움을 요청하는 글인 만큼 그 이유와 목적을 성심껏 밝히는 것이 중요합니다. 그렇기 때문에 제안서에는 '이 일을 제안하는 이유'를 가장 먼저 밝히고, 구체적으로 설명해서 상대방을 납득시켜야 합니다.

Business Writing ::

한 장의 제안서로 약속을 얻어낸다!

8

Business Writing #30

이유와 목적을 성심껏 쓴다

일을 하다 보면 업무 협조를 구하거나 부탁을 해야 할 경우가 생깁니다. 그럴 때 쓰는 글이 '제안서'인데, 도움을 요청하는 글인 만큼 그 이유와 목적을 성심껏 밝히는 것이 중요합니다.

그렇기 때문에 제안서에는 의뢰하고자 하는 구체적인 내용들이 가장 먼저 들어가야 합니다.

예를 들면 다음과 같은 항목입니다.

:: 왜 그 사람에게 강연을 부탁하고 싶은가?

:: 왜 그 사람을 취재하고 싶은가?

:: 왜 그 사람에게 일을 부탁하고 싶은가?

조금씩 다른 표현이기는 하지만 결국은 같은 말이라는 걸 알겠지요? 네, 맞습니다. '이 일을 상대방에게 제안하는 이유'를 설명하고 납득시키는 겁니다.

흔히들 제안서의 서두에는 '이 분야의 일인자이신 선생님께'라든가, '○○에 대해 여러 권의 저서를 집필하신 선생님께' 혹은 '이 분야에서 놀라운 실적을 거두신 ○○○ 님께' 같은 표현을 쓰는데요. 이런 식의 표현도 무난하긴 하지만, 이것만으로는 너무 막연해서 부탁받은 사람의 마음에 썩 와닿지 않습니다.

그럼 어떻게 쓰는 것이 좋을까요? 이럴 때는 보다 더 구체적으로 쓰는 것이 해법입니다.

'당신을 진심으로 존경하고 있으며, 당신의 활동에도 관심이 많다'는 메시지를 전달하면서 세세한 부분에 대한 얘기를 해주는 거지요.

이때 '그중에서도', '단연코', '특히'와 같은 키워드를 이용하면 더욱 효과적입니다. 이해를 돕기 위해 다음의 예시문을 함께 보시죠.

환경에 관한 여러 권의 저서를 내신 선생님께 이번 강연을 정중히 부탁드립니다.
선생님의 저서는 모두 읽어보았고 늘 많은 것을 배우고 있습니다. 특히 그중에서도 가장 최근에 나온《가정에서도 할 수 있는 환경 대책》의 98쪽에 쓰여 있는 내용은 이번 강연을 통해 저희들이 전달하고자 하는 바와 일치합니다.
따라서 그 내용을 중심으로 강연을 해주십사 부탁드리고 싶습니다.

이렇게 구체적으로 책의 페이지까지 쓰면, 정말 그 책을 읽었다는 사실이 상대방에게 잘 전달되겠지요.

이와 함께 그 일을 부탁하려는 이유와 기획 취지가 서로 긴밀하게 연결되어 있어야 하는 것은 두말할 필요도 없습니다. 위의 사례에서 책의 내용과 강연 목적이 서로 부합되듯이 말이지요.

상대방에게 '내가 왜 이 일을 해야 하는지'를 납득시키는 것이 제안서의 첫 번째 목적이라는 사실을 기억하기 바랍니다.

Business Writing #31

잘 짜인 형식보다는 인간적인 정성을 드러낸다

열의 있는 제안서를 전달하기 위한 두 번째 포인트는 바로 '자필 편지'를 쓰는 것입니다. 자필로 글을 쓰는 방법은 앞에서도 여러 번 강조했지만, 제안서를 쓸 때도 상당히 큰 효과를 거둘 수 있기에 다시 한 번 설명하고자 합니다.

요즘은 이메일이 보편화되어 있어서 제안서도 온라인상으로 보내는 경우가 많습니다. 그래서 제안서를 이메일로 보낸다는 이유로, 상대방을 무례하다거나 성의가 없다고 여기는 일은 거의 없지요.

하지만 이것을 거꾸로 생각해보면, 그렇게 편리한 방법이 있는데도 불구하고 굳이 손글씨로 써서 보낸다는 건 그만큼 성의와 열정이 담겨 있다는 뜻으로 보일 수 있습니다. 디지털

시대에 완전한 아날로그 방식인 자필 편지는 그 자체만으로도 상대방의 마음을 움직입니다. 자기를 위해 일부러 시간을 내서 편지를 썼다는 사실이 기쁜 것이지요.

아래의 편지를 한번 읽어봅시다.

안녕하십니까?

어느덧 따뜻한 바람이 불어오는 계절이 되었습니다.

선생님께서도 날로 건강하시기를 기원합니다.

먼저 실례를 무릅쓰고 갑자기 편지를 드리는 점,

용서하여 주시기 바랍니다.

다름이 아니라 저희 회사에서 발행하고 있는

20~30대 비즈니스맨 대상의 종합 비즈니스 정보지

〈월간 OOOO〉에 선생님의 칼럼 연재를 부탁드리고자

편지를 쓰게 되었습니다.

요즘 〈OO 신문〉과 〈월간 △△〉에 선생님께서 쓰고 계신

칼럼들을 아주 재미있게 읽고 있습니다.

열렬한 독자의 한 사람으로서, 언젠가는 저희 잡지에도

선생님의 흥미로운 글을 실을 수 있으면 좋겠다는

생각을 늘 가지고 있었습니다.

저희 잡지의 주 독자층인 20~30대 비즈니스맨들 중에는

꿈과 목표를 찾지 못해 방황하고 있는 사람들이 많습니다.

그런 가운데 《OOO》 등과 같은 저서를 통해 젊은 층의

절대적인 지지를 얻고 계신 선생님께서

'젊은이여, 큰 뜻을 품어라!'라는 주제로 이야기를

들려주신다면 정말 큰 귀감과 도움이 되리라 생각합니다.

저의 부탁을 수락하신다면 한 회당 2,000자 정도의 분량으로

매월 10일까지 원고를 작성해주셨으면 합니다.

원고료는 본지 규정에 따라 한 회당 O만 엔으로

드리고자 하는데 어떠신지요?

집필과 강연 등으로 바쁘실 줄은 압니다만,

고민하는 젊은 비즈니스맨들을 위해 부디 긍정적으로

검토해주시면 감사하겠습니다.

우선은 간략하나마 편지로 부탁드립니다.

2009년 O월 O일

<월간 OOOO> 편집부

야마다 타로

꼭 성사시키고 싶은 일이 있다면 형식에 맞춰 쓴 제안서를 보내기보다, 이렇게 자필 편지를 써서 공손한 태도로 부탁하는 쪽이 훨씬 도움이 될 겁니다.

Business Writing #32

누구의 추천으로 제안하는지 밝힌다

가끔은 주변의 소개나 추천을 받아 제안서를 보내는 경우가 있습니다. 이럴 때는 어떤 경로로 상대방을 알게 되었는지 밝히는 것도 중요한 포인트가 됩니다.

다음의 글을 예로 들어봅시다.

> 이번 기획을 추진하면서 ○○ 기획의 ○○○ 팀장님에게 디자이너 적임자로 마땅한 분이 없는지 여쭈어봤더니 실장님을 적극 추천해주셨습니다.
> 그것을 계기로 실장님의 홈페이지를 살펴보았는데, 작품의 독창성과 더불어 수준 높은 구현력에 깊은 인상을 받았습니다. 그중에서도 ○○○ 디자인은 이번에 저희가 추구하고 있는 이미지에 상당히 근접하는 것이었습니다.

> 이에 저희 기획을 제안하오니, 꼭 한번 만나뵙고서 자세한 얘기를 나누었으면 합니다.

추천을 받는다는 건 인정받고 있다는 것과 같은 뜻이므로, 추천받은 사람에게는 아주 명예롭고 기쁜 일이겠지요. 따라서 그런 경우에는 그 과정을 적음으로써 상대방에게 호감을 줄 수 있습니다. 그러면 상대방은 추천해준 사람의 성의를 생각해서라도 제안서를 더 신중히 검토해줄 겁니다.

추천을 받는 것 외에도 상대방에 대한 정보를 얻는 방법으로는 이런 것들이 있습니다.

:: 기존에 출간된 책을 통해서
:: 신문이나 잡지에 실린 기사를 보고
:: 인터넷 검색을 통해

다만 이 중에서 '인터넷 검색'과 같은 방법은 특별히 그 사람을 미리 염두에 둔 게 아니기 때문에 굳이 밝히지 않는 편이 낫습니다. '인터넷으로 찾아봤더니 선생님이 검색되어서 연락드렸습니다'라는 말을 듣고 기뻐할 사람은 많지 않을 테니까요.

굳이 쓴다면 앞의 예문에서처럼 '소개를 받고서 홈페이지를 찾아봤더니'라든가, '저서를 읽고서 홈페이지를 찾아봤더니'라는 식으로 그 이전에 특별한 계기가 있었음을 부각해주는 게 좋습니다.

Business Writing #33

상대방이 얻는 이득을 밝힌다

상대방이 얻게 될 이득을 밝히는 것은 제안서의 중요 포인트 중 하나입니다.

하지만 앞에서 설명한 '상대방을 알게 된 경로'처럼 필수적인 사항은 아니라서 꼭 써야 할 필요는 없습니다. 게다가 자칫하면 역효과가 날 수도 있으니 조심해야 합니다.

예를 들어 이런 제안서를 받았다고 가정해봅시다.

> 저희 잡지는 비록 지명도는 낮지만, 10만 부의 발행 부수를 자랑합니다.
> 따라서 저희 잡지의 취재에 응하신다면, 100만 엔 정도의 광고 효과를 얻으실 수 있다고 생각합니다.

여러분이라면 이것을 읽고 어떤 기분이 들 것 같나요? 왠지 ‘우리의 취재 의뢰를 거절하면 손해’라는 듯한 뉘앙스가 느껴집니다. 지명도가 낮은 것에 대한 변명처럼 들리기도 하고요.

그러니 상대방이 얻는 이득에 대해 밝힐 경우에는 ‘나라면 이런 말을 들었을 때 어떤 기분이 들까?’라는 관점에서 먼저 생각해봐야 합니다.

그럼 어떤 식으로 쓰면 좋을까요? 가장 좋은 방법은 상대방이 생각지도 못한 이득을 제시해주는 겁니다.

예를 들면 이런 식으로 말이죠.

:: 이번 취재 기사는 저희 회사 웹사이트에도 실립니다.

:: 이번에 부탁드리는 일이 잘 진행된다면, 차후 그룹 내 7개 회사에서도 모두 선생님께 작업을 부탁드릴 예정입니다.

이런 사항은 알려주지 않으면 상대방이 모르기 때문에, 미리 제시해주는 것이 일을 제안받는 입장에서도 결정하는 데 도움이 됩니다.

그러므로 제안서를 쓸 때는 '상대방이 얻는 이득은 무엇인가?'를 잘 생각해서, 상대방이 최대한 유리한 조건에서 수락한다고 느낄 수 있게 해주는 것이 좋습니다.

Business Writing #34

'얼마나 간절하게 원하는지'를 표현한다

예전에 잡지에 글을 쓰던 시절, 저는 매달 취재 의뢰서를 쓰는 게 일이었습니다. 많을 때는 7~8명, 적을 때도 2~3명 정도의 유명 인사들에게 취재 의뢰서를 써서 팩스로 보내곤 했지요. 그 정도 분량의 취재 의뢰서를 쓰다 보니, 서식에서 받는 사람 부분만 바꿔 쓰는 요령이 생기게 되었습니다.

그 당시 썼던 취재 의뢰서 항목에는 이런 것들이 있었습니다.

① 잡지 개요(독자층이나 발행 부수 등)

② 기획 취지 및 개요(특집 테마의 취지와 페이지 수 등)

③ 취재 희망일

④ 취재 사례금

그런데 이런 취재 의뢰서로 'OK'를 받을 수 있는 확률은 60~70%였고, 나머지 30~40%의 사람들에게서는 거절을 당했습니다.

'스케줄이 맞지 않는다'는 이유가 대부분이었지만, 실제로는 다른 이유가 있을 것이라 생각했습니다. 제가 추측한 이유는 잡지의 지명도와 취재 사례금 액수였지요.

그러나 막상 제가 취재를 받는 입장이 되어 보니, 결코 그 두 가지만으로 판단하는 게 아니라는 것을 알게 되었습니다.

그렇다면 무엇으로 판단하느냐 하면, 한마디로 '열의'입니다.

'무슨 일이 있어도 꼭 취재하고 싶다'는 마음이 느껴지는가 아닌가에 따라 판단하는 것이지요.

지금 저의 경우만 해도 상대방의 열의가 전해지는 의뢰서를 받았을 때는, 아무리 잡지 지명도가 낮고 사례금이 적더라도 가능한 한 취재에 응하려고 합니다.

그런 관점에서 제가 예전에 작성했던 취재 의뢰서를 다시 들여다보니, '전혀'라고 해도 무방할 정도로 열의가 느껴지지 않는 사무적인 글이라는 사실을 깨달았습니다.

취재 의뢰서

OOOO년 OO월 OO일

________________ 귀하

〈월간 OOO〉 라이터 · 호리우치 노부히로

안녕하십니까? 귀하의 건승을 진심으로 기원합니다. 아래의 내용으로 취재를 하고자 하오니 검토하여 주시길 부탁드립니다.

– 아 래 –

■ 잡지명 : 〈월간 OOO〉(×× 출판사)
※ 20~30대 젊은 비즈니스맨을 독자층으로 하는 발행 부수 10만 부의 비즈니스 잡지
■ 특집 제목 : '짬을 만들어내는 다이어리 사용법'(컬러 8쪽)
■ 기획 취지 : 비즈니스맨에게 다이어리는 필수적인 비즈니스 도구지만, 다이어리의 기능을 제대로 활용하고 있는 사람은 극소수에 불과하다. 자신의 시간을 충실하게 관리하고 있는 유명 인사들이 다이어리를 어떻게 사용하는가를 취재함으로써, '없는 시간도 만들어내는' 효과적인 다이어리 사용법을 전달하고자 한다.
■ 게재 호 : 12월 호(11월 20일 발매)
■ 취재 희망일 : 10월 30일(목요일)까지
■ 취재 시간 : 약 1시간(취재 및 촬영 포함)
■ 취재 장소 : 협의 가능
■ 취재 사례 : OOOO엔

끝으로 일정상 10월 15일까지는 취재 가부를 아래 연락처로 알려주시면 감사하겠습니다. 바쁘신 줄은 압니다만 협조해주시길 부탁드립니다.

〈월간OOO〉 라이터 · 호리우치 노부히로
전화 : 048-480-0000 핸드폰 : 090-0000-0000
E-mail : info@XXXX.com

어떠십니까? 이렇게 열의가 전해지지 않는 제안서는 거절당할 가능성이 높습니다. 그런데도 수락해준 사람이 있었던 것은 잡지의 지명도가 높았던 덕분이겠지요.

그렇다면 어떻게 하면 열의가 전해지는가 하는 건데요.

가장 좋은 방법은 앞에서 말한 대로, 자신이 얼마나 간절하게 바라고 있는가를 표현하는 것입니다. 잡지의 취재 의뢰서라면 담당자로서 그 기획에 얼마나 많은 애정을 갖고 있는지 쓰고, 사내 연수의 강연 의뢰서인 경우에는 사내 연수를 통해 직원들에게 무엇을 전하고 싶은지를 진솔하게 쓰는 겁니다.

아래의 두 가지 예시는 바로 그런 간절함이 잘 드러난 제안서라고 할 수 있습니다.

> 이번 기획은 3년 전부터 준비해왔던 것으로, 이제야 비로소 빛을 보게 되어 얼마나 기쁜지 모르겠습니다.
> 저 자신도 예전부터 계속 고민하고 있던 주제였기에, 이 기획을 통해 저와 같은 고민을 갖고 있는 영업직 종사자들에게 해결책을 제시할 수 있었으면 합니다.
> 그럼 아무쪼록 많은 도움 부탁드립니다.

꿈과 희망을 잃은 10대 청소년들이 점점 늘어나고 있습니다. 그중에는 절망적인 미래 때문에 안타깝게 자살을 선택하는 아이들도 있습니다.
이것이 비단 아이들만의 잘못일까요? 아무런 도움을 주지 못하는 우리 어른들에게도 책임이 있는 건 아닌지 생각해 볼 때입니다.
저희 '학부모회'는 어른이 된 이후에도 자신의 꿈을 좇아 노력하는 이야기를 들려줌으로써, 절망에 빠진 아이들이 조금이나마 희망의 빛을 나누어 가졌으면 하는 바람으로 이번 강연회를 기획했습니다.
꿈을 잃어버린 아이들이 다시금 미래에 대한 희망을 가질 수 있도록 부디 학부모님의 값진 경험을 들려주시면 감사하겠습니다.

여러분도 이처럼 '진심이 전해지는' 제안서를 써보는 건 어떻겠습니까?

'인사장'을 업무상 보내는 일은 그리 흔하지 않습니다. 저도 샐러리맨 시절에는 개인적으로 인사장을 보낸 적이 거의 없었습니다. 그런데 지금 생각해보면 그때 인사장을 좀 더 다양하게 활용하지 않았던 게 후회가 됩니다. 단 한 장의 인사장을 보내는 것만으로도 상대방에게 좋은 인상을 줄 수 있는 확률이 높아지기 때문이지요.

Business Writing ::

한 장의 인사장으로 다음을 기약한다!

9

Business Writing #35

인사장을 보내는 것만으로도 정성이 전달된다

'인사장'은 사실 업무상 보내게 되는 일이 그리 흔하지 않습니다. 보통 조문 답례나 퇴직 또는 개업 인사차 보내는 경우가 많고, 결혼식이나 개업식 후에 감사의 뜻으로 보내기도 하지요.

그래서 일반 사무직이나 영업직에 종사하는 사람들은 평소에 인사장을 쓸 일이 딱히 없을 겁니다.

저도 샐러리맨 시절에는 개인적으로 인사장을 보낸 적이 거의 없었습니다. 지금 생각해보면 그때 인사장을 좀 더 다양하게 활용하지 않았던 게 후회가 됩니다. 단 한 장의 인사장을 보내는 것만으로도 상대방에게 좋은 인상을 줄 수 있는 확률이 높아지기 때문이지요.

최근 들어 저의 세미나에 참가했던 분들로부터 인사장을 받게 되고 보니, 그런 점을 더욱 실감하게 됩니다. 실제로 명함만 교환했던 사람들보다는 인사장을 보내온 사람들이 기억에 훨씬 더 강하게 남더군요.

요즘에는 이메일로 대신하는 경우가 많지만, 아무래도 직접 쓴 카드를 받는 것보다는 감동이 덜하지요. 그리고 볼펜으로 한두 줄 인사말만 쓴 카드보다는 그림이나 문양으로 다채롭게 꾸민 인사장이 훨씬 정성스럽게 느껴지고요.

제가 지금까지 받아본 인사장 중에 가장 인상적이었던 것은 붓펜으로 커다란 가지 그림을 그린 카드였습니다. 이제 그 내용은 잊어버렸지만(아마 '좋은 인연에 감사드립니다' 같은 짤막한 글이었던 것 같습니다), 붓펜으로 크게 그린 가지 그림만은 지금도 또렷이 기억납니다.

만약 구석에 조그맣게 그려져 있었더라면 눈길이 가지 않았을지도 모릅니다. 그런데 커다란 가지가 카드 한가운데 떡 하니 차지하고 있기에 '웬 가지지?' 하고 의아한 생각이 들었던 거지요.

나중에 카드를 보내준 분에게 물어봤더니 당시 붓펜으로 그림 그리는 연습을 하고 있었는데, 그때 그릴 수 있는 유일한 그림이 가지였다는 겁니다. 비록 습작 수준이라 대단히 멋스럽지는 않았지만, 그림까지 그려 넣어준 정성에 더 감동을 받았습니다.

그분처럼 그림 솜씨가 있는 사람이라면 그림 편지 형식의 인사장을 보내보는 것도 좋을 것 같네요. 정성 어린 마음을 담아 보내는 편지, 인사장의 의미가 여기에 있지 않을까요?

Business Writing #36

상대방의 좋은 점을 구체적으로 쓴다

'그림은 못 그리니 글로 차별화하고 싶다'는 사람들을 위해, 무수히 많은 인사장들 중에서 돋보이기 위한 포인트를 몇 가지 소개하고자 합니다.

먼저 첫 번째 방법은 '상대방에게 느꼈던 좋은 점'을 쓰는 것입니다. 앞에서도 칭찬의 효과에 대해 설명했지만, 칭찬은 인사장에 특히 적합한 방법이라고 할 수 있습니다.

예를 들어 방문 영업을 하면서 만나게 된 고객에게 인사장을 보낸다고 생각해봅시다. 친절하고 따뜻했던 상대방의 태도에 대해 감사의 인사를 전하고 싶다면 다음과 같이 쓸 수 있겠지요.

지난번 뜻하지 않은 방문에도 불구하고 귀중한 시간을 내주셔서 진심으로 감사드립니다. 더욱이 영업 방법에 대해 조언까지 해주셔서, 감사한 마음을 어떻게 다 표현해야 할지 모르겠습니다.

이 일을 시작한 지 3년이 다 되었습니다만, 선생님처럼 마음이 넓으신 분을 뵌 건 처음이었습니다. 정말이지 눈물이 날 정도로 감격했습니다.

선생님의 조언을 가슴에 새겨 앞으로 더욱 분발해나가도록 하겠습니다. 계속해서 많은 가르침 부탁드립니다.

어떤가요? 밑줄 친 부분이 포인트입니다. 그 한 줄이 있느냐 없느냐에 따라, 받는 사람의 기분이 완전히 달라지게 됩니다. 구체적인 상황을 들어 진심으로 고마움을 표해주었기 때문이지요. 누구라도 이런 인사장을 받는다면 틀림없이 감동할 겁니다.

이렇게 진심이 담긴 인사를 하기 위해서는 상대방의 좋은 점이 무엇인지 평소에 유심히 관찰해두어야 합니다. 그저 아무 생각 없이 만나서는 그 사람의 장점을 찾아내기가 쉽지 않으니까요.

그러니 앞으로는 누군가를 만날 때 다음과 같은 점들을 체크해두기 바랍니다. 각각의 항목에 해당하는 예문도 같이 실었으니 참고하세요.

외모나 체격, 인상 등 외형적으로 멋있었던 점은 무엇인가?

:: 키가 크셔서 처음엔 모델인가 했습니다.

:: 배우 ○○○ 씨와 닮았다고 생각한 건 저만이 아닐 겁니다.

목소리나 말투가 좋았던 점은 없었나?

:: 목소리가 차분하셔서 말씀하시는 내내 편안하게 들을 수 있었습니다.

:: 초보자인 저도 알아들을 수 있게끔 알기 쉽게 말씀해주셔서 부장님의 친절함이 느껴졌습니다.

얼굴 표정이나 전체적으로 풍기는 분위기는 어떠했나?

:: 사장님의 온화한 얼굴을 대하다보니, 저 역시 즐거운 마음으로 얘기를 나눌 수 있었습니다.

:: 대표님께서 따뜻하게 대해주신 덕분에, 초면에도 긴장하지 않고 즐거운 마음으로 일할 수 있었습니다.

수트나 넥타이, 구두, 시계 등 패션이나 소품 센스는 어땠나?

:: 빨간 넥타이를 너무나 잘 소화하시더군요.

:: 오래된 가죽 가방이 아주 멋스러워 보였습니다. 진중한 선생님의 품성이 그대로 묻어나는 듯했습니다.

대화 중 감동하거나 감격한 이야기는 없었나?

:: 선생님의 한마디 한마디를 모두 받아 적고 싶을 만큼, 많은 것을 배울 수 있는 시간이었습니다. 그중에서도 마케팅에 대한 고견은 저에게 아주 큰 도움이 되었습니다.

상대방의 회사를 방문했을 때, 좋은 인상을 받은 점은 없었나?

:: 안내 직원이 굉장히 친절하고 신속히 대응해준 덕분에 일을 잘 처리할 수 있었습니다.

:: 직원들이 모두 생기 넘치고 에너지가 느껴져서 '이래서 이 회사가 잘될 수밖에 없구나' 하는 생각이 절로 들었습니다.

칭찬과 인사의 말은 거창하기보다 세세하고 구체적일수록 좋습니다. 위의 예시들은 사실 사소한 부분일 수 있지만, 받는 사람에게 커다란 기쁨을 안겨주는 말입니다. 이런 한마디가 있고 없음에 따라 인사장을 받는 사람의 기쁨이 완전히 달라질 수 있으니, 가볍게 여기지 말고 꼭 써보기 바랍니다.

그리고 이런 것들은 시간이 지나면 잊어버리기 쉬우므로, 상대방을 만난 직후에 명함 뒤나 수첩 등에 메모해두는 것도 좋겠지요.

Business Writing #37

상대방이 원하는 정보를 쓴다

돌보이는 인사장을 쓰기 위한 두 번째 포인트는 '상대방에게 도움이 되는 정보'를 쓰는 것입니다.

감사의 마음을 단지 인사로 표현하는 데 그치지 않고, 상대방에게 직접적인 도움을 주어서 그 마음을 좀 더 확실히 전달하는 것이지요.

자신이 필요한 부분에 대해 도움을 받게 되면 상대방에게 자연히 고마운 마음이 듭니다. 신뢰와 호감을 갖게 되는 건 당연한 결과겠지요.

그렇다고 뭔가 거창한 도움을 줘야 한다는 말은 아닙니다. 조금만 관심을 기울이면 사소한 것이라도 도움이 될 만한 부분을 찾을 수 있습니다.

예를 들어 고객과의 대화 중에 '컴퓨터가 제대로 작동되지 않아 곤란하다'는 말을 들었다고 한다면, 다음과 같은 내용을 추신으로 덧붙이는 겁니다.

추신 : 지난번에 뵈었을 때 컴퓨터가 잘 작동되지 않는다고 말씀하셨는데, 지금은 어떠신지요? 버그를 간단히 해결할 수 있는 무료 소프트웨어를 발견했는데 혹시 괜찮으시다면 한번 써보십시오. 다운로드는 아래 사이트에서 할 수 있습니다. 하다가 모르는 점이 있으면 언제든지 연락주세요.

실제로 저도 어떤 분으로부터 이런 이메일을 받은 적이 있습니다. 사소한 얘기까지 기억해준 것도 고마운데, 거기에 관해 일부러 찾아봐준 것에 너무나도 감격했답니다.

이렇듯 도움이 되는 정보를 찾아줄 수 있으려면, 상대방의 얘기에 진지하게 귀를 기울이면서 다음과 같은 얘기들이 나오지는 않는지 세심하게 체크해둘 필요가 있습니다.

:: 뭔가로 인해 어려움을 겪고 있다는 얘기는 없었나?

:: 뭔가 고민하고 있다는 얘기는 없었나?

:: 뭔가 도움이 필요하다는 얘기를 하지는 않았나?

요즘 같은 시대에 인터넷으로 검색만 하면 대부분의 정보는 얻을 수 있으니, 해결책을 찾아주는 건 그리 어려운 일이 아닙니다.

이 방법은 초면인 상대방에게 보내는 인사장에서뿐 아니라, 거래처나 상사와 이메일을 주고받을 때도 요긴하게 쓸 수 있으니 꼭 활용해보세요.

Business Writing #38

'무엇이 고마운지' 구체적으로 쓴다

제가 잡지에서 글을 쓰고 있을 당시, 담당 편집자로부터 굉장히 기분 좋은 칭찬을 들은 적이 있습니다. 정확하진 않지만 대략 이런 말이었던 걸로 기억합니다.

> 이번 원고 아주 좋았어요. 특히 첫머리가 최고였습니다.
> 일단 읽기 시작하면 누구라도 눈을 뗄 수 없을 겁니다.
> 저도 단숨에 빠져들고 말았어요.

이 중에서 가장 기분이 좋았던 부분은 '특히 첫머리가 최고'라는 말이었습니다. 그때 글의 첫머리 때문에 굉장히 고심하며 몇 번이고 고쳐 썼기 때문에, 그렇게 신경 쓴 부분을 칭찬해준 것이 무엇보다 기뻤던 것이지요.

앞에서도 말했지만 막연하게 칭찬하기보다는 이렇듯 구체적으로 콕 집어 칭찬하는 게 훨씬 더 효과가 좋습니다. 인사치레로 하는 말이 아니라, 진심으로 칭찬하고 있다는 걸 실감할 수 있기 때문입니다.

그 후로 저는 상대방에게 뭔가를 부탁해서 그 결과에 만족한 경우에는 그저 막연하게 감사의 뜻을 표하는 데 그치지 않고, 어떤 점이 좋았는지를 가능한 상세하게 표현하려 애쓰고 있습니다.

예를 들면 이런 식으로 말이지요.

> 바쁘신 중에도 저희 회사 영업 연수 강의를 맡아주셔서 진심으로 감사드립니다.
> 실질적으로 큰 도움이 되는 내용들이어서 선생님께 부탁드리길 정말로 잘했다는 생각이 듭니다.
> 특히 예약을 받는 노하우는 한마디로 눈이 번쩍 뜨일 정도였습니다. 이 방법을 그대로 실천하면, 확실히 매출이 오를 것이라는 기대감이 듭니다. 성과가 나오면 바로 알려드리도록 하겠습니다.

오늘 디자인 견본을 받았습니다. 감사합니다.
받은 즉시 살펴보았는데 기대 이상의 결과에 정말 놀랐습니다. 특히 대담한 색을 쓰는 방식이 저 같은 문외한으로서는 상상조차 할 수 없던 것이어서, 실장님께 부탁드리길 정말로 잘했다는 생각이 듭니다.

이렇게 감사의 마음을 전할 때는 어떤 점이 좋았는지 최대한 구체적으로 써보세요.

그리고 첫 번째 예문의 마지막 줄에 보면 '성과가 나오면 바로 알려드리도록 하겠습니다'라고 되어 있는데, 이것도 아주 중요한 포인트입니다.

일을 한 입장에서는 '정말 내 강의가 매출에 도움이 되었을까?' 하고 신경 쓰일 것이기 때문에, 반응이 있을 때마다 즉각 알려주는 것이 좋습니다. 자신의 역할로 고객의 성과가 높아졌다는 것만큼 즐거운 소식이 어디 있겠습니까?

그리고 이런 방법을 통해 호감을 쌓아놓으면 추후에 어려운 부탁을 해야 하거나 까다로운 협의를 할 때, 자신에게 좀 더 유리한 쪽으로 결과를 이끌어낼 수도 있으니 적극 활용해보기 바랍니다.

Business Writing #39

제삼자의 칭찬을 대신 전해준다

여러분은 상대방에게 직접 듣는 칭찬과 제삼자를 통해 받는 칭찬 중, 어느 쪽이 더 기분 좋은가요? 개인차는 있겠지만 대부분의 사람들이 아마 후자 쪽을 택할 겁니다.

면전에서 받는 칭찬은 자칫하면 아부로 느껴질 수도 있지만, 다른 사람을 통해 듣는 칭찬은 좀 더 객관적인 평가라는 기분이 들기 때문이지요.

그러므로 인사장에 상사나 고객 등 다른 사람의 긍정적인 평가를 같이 쓰면, 상대방의 마음을 더욱 더 사로잡을 수 있습니다. 담당자에게만 '감사합니다'라는 말을 듣는 것보다는 '상사도 굉장히 기뻐하고 있습니다'라는 한마디가 더해지는 게 당연히 더 기분 좋지 않을까요?

저도 예전에 그런 적이 몇 번 있었는데요. 그때마다 기쁨이 배가되었던 걸 기억합니다.

대개 담당자보다는 상사가 보는 눈이 엄격하게 마련인데, 그런 사람에게 인정받았다는 건 굉장한 자신감을 심어주기 때문이지요.

고객의 감상이나 평가를 듣게 되었을 때도 마찬가지입니다. 구체적으로 다음과 같은 한마디를 덧붙인다면, 상대방은 잊을 수 없는 선물을 받게 될 겁니다.

:: 제 상사도 대단히 만족하고 있습니다.

:: 덕분에 회사에서 큰 칭찬을 받았습니다.

:: 저희 사장님도 아주 감격하고 계시며, 다음에 뵐 때 직접 인사를 드리겠다고 말씀하셨습니다.

:: 저희 회사 여직원들에게 소감을 물어봤더니, 모두들 굉장히 쓰기 쉽다는 호평을 했습니다.

:: 일전에 고객사에 납품했더니 아주 좋아하셨습니다.

:: 구매 고객들로부터 좋은 반응이 계속 들어오고 있습니다. 여성 고객들은 특히 디자인에서 만족도가 높습니다.

이런 반응은 담당자를 통해서밖에 알 수 없기 때문에, 그냥 지나치지 말고 반드시 전달해주는 게 좋습니다. 사소한 얘기도 본인에게는 중요한 의견이 될 수 있으니까요.

굳이 인사장의 형태가 아니더라도 전화나 이메일 등으로 곧바로 알려준다면 상대방은 더욱 고마워할 테니, 자그마한 사후 처리에도 마음을 쓰도록 합시다.

Business Writing #40

'꼭 다시 부탁하고 싶다'고 마무리한다

감사의 편지를 쓸 때 잊어버리기 쉬운 것이 맨 마지막의 결정적인 한마디입니다.

감사하는 마음과 업무에 대한 만족도를 최대한 전달하는 동시에 상대방으로서도 최고로 기분 좋은 한마디, 그것은 바로 '다음에도 잘 부탁한다'는 말이지요.

'정말 수고 많으셨습니다'라든가 '큰 도움이 되었습니다. 진심으로 감사드립니다'와 같은 말로 끝을 맺는 것도 물론 감사의 마음을 전하기는 합니다.

하지만 상대방과의 일에 정말로 만족했다면 '다음에도 잘 부탁드립니다'라는 인사로 마무리하는 게 더 확실합니다. 마음으로부터 만족하지 않는다면 다음에도 같이 일하고 싶다는 말이 나올 수 없기 때문이지요.

물론 딱 한 번으로 끝나는 일일 경우에는 '다음'을 기약할 수 없겠지만, 그렇지 않다면 이런 결정적인 한마디는 반드시 쓰는 게 좋습니다. 그것은 함께 일을 한 상대로부터 받는 최상의 평가니까요.

다음과 같이 구체적으로 쓴다면 상대방도 단순한 인사치레가 아님을 느낄 수 있을 겁니다.

다음번에도 꼭 부탁드리고 싶으니 가까운 시일 내에 만나서 본격적인 얘기를 나눴으면 합니다. 일정 등에 대해서는 따로 연락드리겠습니다.

가능하시다면 다음번에도 꼭 부탁드리고 싶습니다. 납기일은 조금 여유를 두어 4월 중순으로 예정하고 있으니, 아무쪼록 잘 부탁드립니다. 혹시 스케줄을 맞추기 어려우시다면 조정해보도록 하겠습니다.

사과문을 쓸 때 무엇보다 중요한 것은 '타이밍'입니다. 문제가 생겼다는 사실을 알게 되면 가능한 빨리 조치를 취하는 것이 최선이지요. 자신이 잘못했다는 사실에 당황해서 "어떡하지?"만 연발하며 시간을 끄는 경우가 많은데, 그로 인해 오히려 문제가 더 커질 수 있습니다. 그렇게 그저 걱정만 하고 있는 동안 상대방은 더 화가 날 게 분명합니다.

Business Writing ::

한 장의 사과문으로 신뢰를 얻는다!

10

Business Writing #41

최대한 빨리 사과한다

'사과문'은 누구나 알다시피 사죄의 마음을 표현하는 글입니다. 자신의 잘못으로 인해 상대방과의 약속을 지키지 못했거나 불편을 끼쳤을 경우에 씁니다.

사과문을 쓸 때 무엇보다 중요한 것은 '타이밍'입니다. 문제가 생겼다는 사실을 알게 되면 가능한 빨리 조치를 취하는 것이 최선이지요.

자신이 잘못했다는 사실에 당황해서 "어떡하지?"만 연발하며 시간을 끄는 일이 많은데, 그로 인해 오히려 문제가 더 커질 수 있습니다. 그렇게 그저 걱정만 하고 있는 동안 상대방은 더 화가 날 게 분명합니다. 즉시 사과하러 달려오지 않는다는 바로 그 이유 때문에 말이죠.

또 어떤 경우에는 상대방으로부터 지적을 받고서야 문제점을 깨닫게 되기도 하는데, 그때는 이미 늦은 상황이기 때문에 즉시 사과부터 해야 합니다.

특히 클레임을 받았을 때는 신속하게 대응하는 것만으로도 상대방의 화를 누그러뜨릴 수 있는 경우가 적지 않습니다. 이메일로 클레임이 온 것처럼 그다지 큰 문제가 아닐 때는 이메일로 답변을 해도 무리는 없지만, 이때도 가능한 빨리 처리하는 것이 중요합니다.

실제로 저도 클레임을 받았을 때 재빨리 조치를 취해서 큰 문제로 불거지는 것을 막았던 적이 많습니다. 또 반대로 고객의 입장에서 상대방의 신속한 처리로 화가 풀린 경우도 있었고요.

납기일이 늦어지는 것처럼 상대방에게 불편을 끼칠 일이 미리 짐작될 때는 늦어진 다음에 뒤늦게 사과하지 말고, 반드시 먼저 사과를 하고 양해를 구해야 합니다. 그래야 상대방도 그 일정에 맞춰 대책을 세울 수 있을 테니까요.

일반적으로 업무상 사과를 할 때는 전화로 간단히 처리하기도 하지만, 사태가 심각한 경우에는 전화를 하고 난 뒤 직접 방문해서 사과를 하는 게 맞습니다.

또 고객의 불만이 접수되었을 때는 성의 표시로 사과문과 함께 보상품을 전달하기도 하는데요. 이때 오해하면 안 되는 것은 이 방법이 단순히 물건으로 일을 해결하겠다는 발상이 아니라, 어디까지나 불편을 끼친 데 대한 미안함을 표현하는 한 방법이라는 것입니다. 따라서 보상품과 함께 진심을 다해 쓴 사과문을 보내는 것이 좋습니다.

실제로 저도 '주문한 교재가 아직 오지 않았다'는 클레임을 받은 적이 있었는데, 그때 이런 사과문을 써서 보상품과 같이 보내드렸습니다.

> 교재를 제때 발송해드리지 못해 크나큰 불편을 끼쳐드리게 된 점 정말로 죄송합니다. 사죄의 표시로 ××를 보내드리오니 잘 받아주셨으면 합니다.

하지만 이렇게 보상품을 전달하는 것은 어디까지나 사후 처리의 한 방법일 뿐, 이것만으로 클레임을 해결했다고 생각해서는 안 되겠지요. 잘못한 일에 대해서는 문제가 더 커지기 전에 신속히 대응하는 것이 무엇보다 중요합니다.

Business Writing #42

변명거리를 쓰지 않는다

사과를 할 때 사람들이 가장 많이 저지르는 실수는 무엇일까요? 그것은 바로 '변명하는 것'입니다.

변명만큼 듣기 싫은 게 없다는 걸 알면서도, 막상 그런 상황이 닥치면 자기도 모르게 변명을 하게 됩니다.

고객이나 거래처에 중대한 실수를 저지르고 사과문을 쓸 때도 마찬가지입니다. 자신의 입장을 자꾸 해명하려다 보면, 자칫 책임을 전가하는 것처럼 되어버릴 수 있습니다.

특히 의도치 않게 일어난 실수에 대해 이런 식으로 변명하는 경우가 많지요.

:: 이번에 사고가 일어나게 된 것은 아르바이트생의 미숙함 때문이었습니다.

:: 교통 사정으로 인해 배달이 늦어지게 되었습니다.

이렇게 '나에게는 책임이 없다'는 식으로 말하는 것은 오히려 반감을 살 수 있으므로 절대로 해서는 안 됩니다.

그럼 사과문은 어떻게 쓰면 좋을까요? 포인트는 깨끗이 잘못을 인정하고 솔직하게 사과하는 것입니다.

:: 이번 사태의 책임은 전부 저(저희 회사)에게 있습니다. 정말로 죄송합니다.

:: 이 일에 대해서는 변명의 여지가 없습니다. 진심으로 사과드립니다.

이렇게 쓰려면 용기도 있어야 하고, 때로는 상사의 허가가 필요한 경우도 있습니다. 또 자기 혼자 덤터기 쓰는 것 같아 억울한 마음이 들 때도 있겠지요. 하지만 자신의 잘못으로 판단될 때는 솔직하게 용서를 구하는 자세가 필요합니다.

변명하지 않고 자기 잘못을 인정하는 이런 태도는 오히려 신뢰를 얻을 수 있는 좋은 기회가 될 것입니다.

Business Writing #43

'무엇을 잘못했는지' 정확히 쓴다

사과문을 쓸 때 또 한 가지 주의해야 할 부분이 있습니다. 사과의 '포인트'에서 빗나가지 않아야 한다는 것이지요.

특히 클레임에 대한 사과문을 쓸 때는 상대방이 무엇에 대해 화를 내고 있는지 확실하게 파악해서 거기에 대해 사과하는 게 중요합니다.

예를 들어 납기일이 늦어진 데 대해 클레임이 온 경우, 보통은 '상품이 예정보다 늦게 도착한 점, 진심으로 사과드립니다'와 같이 예정된 기한에 맞추지 못한 것에 대해 사과합니다.

하지만 정작 상대방이 화를 내고 있는 이유는 납기 지연에 대해 '사전 연락이 없었다'거나, 납기가 늦어짐으로써 '손해가 발생했다'는 것일 수도 있습니다.

그 점을 파악하지 않고서 무턱대고 늦어져서 미안하다고만 사과한다면 상대방의 화를 풀기는커녕 '이 사람, 정말 뭘 모르는군' 하고 오히려 화를 더 돋우게 되지 않을까요?

그러니 납기 지연으로 인한 문제에 대해 사과하는 경우에는 이런 식으로 쓰는 게 좋습니다.

상품이 예정보다 늦게 도착한 점, 진심으로 사과드립니다.
엄밀히 말하면 사전에 연락을 드렸어야 했는데 연락을 드리지 못한 점, 그리고 이로 인해 크나큰 불편을 끼쳐드린 점 또한 정말로 죄송하게 생각합니다.
다시 한 번 진심으로 사과드립니다.

물론 상대방이 무엇 때문에 화가 났는지 정확히 파악하기가 쉽지 않을 때도 있습니다.

하지만 다음과 같이 전후 상황을 미루어본다면 어느 정도 예측은 가능합니다.

:: 자신의 실수 때문에 상대방에게 불편을 끼치지 않았는가?
:: 자신의 실수 때문에 상대방의 주위(고객 등)에까지 문제를 일으키지 않았는가?

:: 자신의 실수 때문에 상대방의 입장을 난처하게 하지 않았는가?

:: 자신의 실수 때문에 상대방에게 시간적·경제적 불이익을 초래하지 않았는가?

사과문을 쓰기 전에 적어도 이런 부분에 대해서만큼은 곰곰이 생각해보도록 합시다. 혹여 '이 정도의 실수는 별것 아니잖아'라는 생각으로 사과문을 쓰면, 그런 마음이 문장에 고스란히 드러날 수 있으므로 마음가짐부터 바로 하는 자세가 필요합니다.

Business Writing #44

사후 대책이 없는 사과문은 '빵점'이다

사과문을 쓸 때의 유의점을 다시 한 번 정리해봅시다.

자신의 잘못으로 문제가 발생했을 때는 '최대한 빨리', '자신의 잘못을 솔직히 인정'하며, '상대방이 화가 난 이유를 정확히 파악'해서 사과해야 합니다.

자, 그렇다면 이제 마지막으로 어떻게 마무리해야 할까요?

상대방의 입장에서 가장 알고 싶은 게 무엇일지 생각해보면 됩니다.

이미 문제가 발생한 뒤라면 앞으로 어떤 조치를 취할 것인지, 사후 대책이 궁금할 겁니다.

예를 들어 상품이 아직 도착하지 않은 경우에는 '언제 받을 수 있는지'가 최대 관심사일 것이고, 상품이 잘못 배달되었다면 '주문한 상품은 언제 받을 수 있고, 잘못 배달된 상품은 어떻게 처리해야 하는지' 알고 싶겠지요.

경우에 따라서는 확인하는 데 시간이 걸리기도 하고 상사와 의논해야 할 일도 있겠지만, 최대한 빨리 확실한 사후 대책을 세워서 알려주는 게 무엇보다 중요합니다.

그리고 그에 이어서 문제의 원인을 파악하고, 향후 재발 방지책도 마련해야 합니다. 다시 말해서 '이런 실수는 무엇 때문에 일어났는가?', 그리고 '앞으로 똑같은 실수를 방지하기 위해 어떤 대책을 강구할 것인가?'를 분명히 밝혀야 한다는 얘기지요.

문제의 원인을 알린다고 해서 상대방이 반드시 납득하리라는 보장은 없지만, 적어도 '어째서 이런 일이 벌어졌지?' 하는 답답함은 조금이라도 해소할 수 있지 않을까요?

또 원인을 조사 중인 경우에는 '지금 원인을 알아보고 있다'고 사실대로 전하고, 결과가 나오는 즉시 보고하도록 합니다.

문제의 원인을 밝히지 않는 태도는 불신감을 줄 수 있기 때문에 반드시 지양해야 합니다.

재발 방지책을 상대방에게 전달할 때도 주의할 점이 있습니다. 상대방이 납득할 만한 구체적인 방안을 제시해야 한다는 것이지요.

'두 번 다시 이런 일이 벌어지지 않게끔 엄중히 주의하겠습니다'와 같은 형식적인 사과문을 흔히 보게 되는데, 이것만으로는 설득력이 없습니다.

설득력을 가지려면 먼저 원인을 밝히고 난 뒤, 향후 대책에 대해 가능한 구체적으로 써야 합니다. 아래와 같이 대책을 마련했다는 사실을 분명히 밝힌다면, 사과하는 마음이 상대방에게도 전해지리라 생각합니다.

> 담당자의 봉입 실수로 인해 상품을 잘못 보내드리게 된 점, 정중히 사과드립니다. 앞으로 같은 문제가 발생하지 않도록 점검 체제를 1인에서 2인으로 변경하였습니다.

샐러리맨 시절에 저는 매일같이 전언 메모를 썼지만, 솔직히 귀찮게 느껴질 때가 많았습니다. 그래서 바쁘고 시간이 없을 때는 대충 휘갈겨 쓰기 일쑤였지요. 하지만 지금 생각해보면, 알아보기 힘든 그 메모가 얼마나 불친절하게 느껴졌을까 하는 생각이 듭니다. 이런 사실을 깨달은 뒤 저는 '나라면 어떤 식의 전언 메모를 받을 때 기쁠까?' 하고 생각해보게 되었습니다.

Business Writing ::

한 장의 전언 메모로 말로 못 다한 마음을 전한다!

Business Writing #45

따뜻하게 격려한다

'전언 메모'라고 하면, 담당자 대신 전화를 받았을 때 용건을 전달하기 위해 적은 메모를 떠올리는 사람이 많을 겁니다. 직장 내에서 전언 메모는 이런 용도로 흔히 이용되지요.

이것 말고도 회의 소집이라든가, 기타 전달 사항에 대한 메모를 주고받는 일이 있는데, 요즘에는 직접 종이에 쓰기보다는 이메일이나 메신저로 간편하게 전달하는 경우가 더 많은 것 같습니다.

저도 샐러리맨 시절에는 매일같이 전언 메모를 썼지만, 크게 중요한 일이라고 생각하지 않았기 때문에 솔직히 귀찮게 느껴질 때도 많았습니다. 그래서 바쁘고 시간이 없을 때는 대충 휘갈겨 쓰기 일쑤였지요.

하지만 지금 생각해보면, 알아보기 힘든 그 메모가 얼마나 불친절하게 느껴졌을까 하는 생각이 듭니다. 왜 좀 더 상대방을 배려하지 못했던 것인지 지금에서야 반성하고 있습니다. 만약 상대방 입장이 된다면 어떤 생각이 들지 쉽게 알 수 있었을 텐데 말이죠.

이런 점들을 깨달은 뒤 저는 '나라면 어떤 식의 전언 메모를 받을 때 기쁠까?' 하고 생각해보게 되었습니다. 전언 메모를 다양하게 활용할 수 있는 방법도 찾아보았고요.

제가 가장 먼저 추천하고 싶은 방법은 전언 메모를 이용해 '격려의 말'을 전하는 것입니다. 업무상 용건을 전달할 때만 쓸 게 아니라, 평소 쑥스러워서 하지 못했던 따뜻한 말을 메모로 대신 해보는 겁니다.

예를 들면 쪽지에 이런 한마디를 적어서 건네는 거지요.

상사가 부하 직원에게

:: 추운 날씨에 외근하느라 수고가 많네.

:: 요즘 애 많이 쓰는군.

:: 다음 주 발표, 기대하고 있네.

부하 직원이 상사에게

:: 장시간 회의에 많이 피곤하시죠?

:: 출장 다녀오시느라 고생하셨습니다.

:: 뭔가 도와드릴 일이 있으시면 말씀하세요.

이런 메모를 읽는다면 피로 회복제를 마신 것처럼 기운이 솟지 않을까요? 사랑받는 직원이 되는 비법은 결코 멀리 있지 않습니다.

Business Writing #46

센스 있게 칭찬한다

전언 메모를 활용하는 데 있어서 칭찬의 메시지를 전하는 것만큼 좋은 방법도 없습니다.

남녀노소를 막론하고 칭찬을 싫어하는 사람은 없지만, 칭찬을 하는 데도 기술이 필요하다는 것 알고 계신가요? 상대방에 대한 관심과 적절한 타이밍, 표현 방법 등 여러 가지 요소를 잘 조합해야 기분 좋은 칭찬을 할 수 있습니다. 한마디로 센스 있게 칭찬해야 한다는 말이지요.

그렇다고 일부러 거창하게 표현하거나 억지로 칭찬할 필요는 없습니다. 간단하게라도 그저 느낀 대로 '근사하네요', '수고 많으셨습니다', '축하드립니다'라고 쓰면 됩니다.

이렇게 소박하고 부담 없이 칭찬하는 데는 짤막한 메모가 제격입니다. 또 직장 내에서 칭찬을 잘 활용하면 업무 의욕도 높이고, 화기애애한 분위기를 만들 수도 있으니, 일석이조라고 할 수 있습니다.

여러분도 직접 얼굴을 보고 칭찬하는 게 쑥스럽다면, 아래처럼 간단한 메모를 써서 전해보는 건 어떨까요?

상사가 부하 직원에게

:: 지난번 기획서, 공 들인 흔적이 많이 보이더군.

:: ○○ 회사 부장이 자네 칭찬을 많이 하더군.

부하 직원이 상사에게

:: 최고 매출 달성하신 것 축하드립니다. 역시 과장님이십니다.

:: 팀장님 덕분에 일이 잘 해결됐습니다. 감사합니다.

좋은 얘기가 생각나면 미뤄두지 말고 그때그때 건네봅시다. 서로 주고받는 칭찬 한마디가 고된 회사 생활에 윤활유가 되어줄 겁니다.

Business Writing #47

평소 담아두었던 감사의 마음을 담는다

전언 메모로 전할 수 있는 기분 좋은 한마디가 또 있습니다. 바로 '감사의 말'이지요.

앞서 설명한 칭찬과 마찬가지로, 감사하다는 말을 직접 하기가 쑥스럽다는 사람들이 많을 텐데요. 그럴 때도 전언 메모를 적극 활용해보길 바랍니다.

특히 상대방에게 도움을 받았거나 신세를 졌을 땐 전언 메모가 무척 유용합니다. 상대방 입장에서도 감사의 뜻을 말 한마디로 듣기보다는 정성 들여 쓴 메모로 받는 게 훨씬 더 감격스러울 것입니다.

하지만 감사의 메시지라고 해서 꼭 특별한 상황에서만 써야 하는 법은 없습니다. 고마운 일은 일상적인 부분에서도 충분히 찾을 수 있거든요. 다만 그 고마움을 대수롭지 않게 여기거나 일일이 표현하지 않을 뿐이지요.

전언 메모에 다음처럼 한마디를 덧붙인다면, 평소 담아두었던 감사의 마음이 잘 전해질 겁니다.

상사가 부하 직원에게

:: 항상 애써줘서 고맙네.

:: 늦게까지 고생이 많았네. 덕분에 일이 빨리 끝났어.

:: 도움이 필요하면 언제든지 말해주게.

부하 직원이 상사에게

:: 늘 신경 써주셔서 감사합니다.

:: 항상 많이 배우고 있습니다.

:: 조언 감사했습니다. 앞으로도 잘 가르쳐 주십시오.

용건만 간단히 쓴 전언 메모는 업무상 전하는 메시지에 지나지 않지만, 격려와 칭찬, 감사의 말이 더해지는 순간 정성 어린 메시지 카드로 변신합니다.

말 한마디를 덧붙이는 데는 1분도 채 안 걸리지만, 그 여운은 상대방의 마음속에 오래도록 남습니다. 이만큼 효율적인 감동 메시지가 또 있을까요?

:: 추천하고 싶은 전언 메모의 예 ::

부하 직원이 상사에게

부장님께

수고가 많으십니다. 14시 30분경 ○○ 공업의 사장님께서 전화하셨습니다. 확인하시는 대로 전화 부탁드린다고 하셨습니다.

– 호리타

P.S. 오늘 넥타이가 정말 잘 어울리십니다.

상사가 부하 직원에게

기무라 씨,
좀 상의하고픈 것이 있는데
돌아오면 전화주세요.

– 야마다

P.S. 추운데 외근하느라 수고가 많군요.

이메일은 업무상 가장 많이 쓰이는 커뮤니케이션 수단입니다. 다른 매체들과 비교했을 때, 여러 가지 장점들을 갖고 있기 때문이지요. 무엇보다 좋은 점은 다른 사람을 거치지 않고 바로 상대방에게 전달할 수 있다는 것 아닐까요? 이메일의 이러한 장점을 최대한 살릴 수 있는, 한 단계 업그레이드된 '이메일 활용법'을 소개하고자 합니다.

Business Writing ::

한 통의 이메일로 접대를 한다!

12

Business Writing #48

첫머리로 감성을 자극한다

비즈니스 이메일은 용건 위주로 쓰는 게 일반적입니다.

물론 앞서 말씀드린 것처럼 지나치게 사무적인 이메일도 바람직하지는 않지만, 그렇다고 지나치게 미사여구를 남발하거나 일과 무관한 얘기를 구구절절 늘어놓는 것도 썩 좋지는 않습니다.

상대방과의 관계가 그리 친밀하지 않다면 이 정도로 써도 큰 무리는 없겠지요.

> 늘 신세를 지고 있습니다.
>
> 주식회사 엘름 플래닝의 호리우치 노부히로입니다.
>
> 오늘은 다름이 아니라 ○○ 건으로 연락드렸습니다.

이처럼 '인사 → 자기소개 → 용건'이라는 도입부의 기본 패턴은 지킬 필요가 있습니다. 어느 정도 사이가 가까워졌다 하더라도 이 정도는 지켜야 무례하다는 인상을 주지 않습니다.

다만 친한 상대와 이메일을 주고받을 때 매번 틀에 박힌 인사만 건네면 따분할 수도 있으니, 다음처럼 자기소개와 용건 사이에 계절 인사를 집어넣는 것도 좋은 방법입니다.

> 늘 신세를 지고 있습니다.
> 주식회사 엘름 플래닝의 호리우치 노부히로입니다.
> 추운 날씨가 계속되고 있는데, 감기는 걸리지 않으셨는지요?
> 오늘은 다름이 아니라 ○○ 건으로 연락드렸습니다.

또 상대방과의 관계에 따라서는 이렇게 자신의 근황에 대해 얘기하는 것도 친밀감을 표현하기에 좋습니다.

> 늘 신세를 지고 있습니다.
> 주식회사 엘름 플래닝의 호리우치 노부히로입니다.
> 며칠 전 오랜만에 골프장에 갔는데 120타가 나오더군요.
> 다음에 기회가 되면 한 수 가르쳐주시지 않겠습니까?
> 다름이 아니라 오늘은 ○○ 건으로 연락드렸습니다.

또는 이런 식으로 자기소개와 근황의 순서를 바꿔보는 것도 흥미로운 방법입니다.

늘 신세를 지고 있습니다.
얼마 전 ○○라는 영화를 봤는데, 생각보다 너무 슬퍼서 저도 모르게 눈물이 나더군요. 혹시 감성적인 영화가 보고 싶으시다면 이 영화를 추천해드리고 싶네요.
주식회사 엘름 플래닝의 호리우치 노부히로입니다.
다름이 아니라 오늘은 ○○ 건으로 연락드렸습니다.

사실 이렇게 자기소개에 앞서 근황을 전하는 건 제가 메일 매거진의 머리말에서 쓰는 방법인데요. 의외로 평이 좋아서 2004년 발행 이후로 줄곧 이렇게 써오고 있습니다.

지인들 중에도 개인적인 이메일을 이런 식으로 쓰는 사람이 있는데, 그에게 이메일을 받으면 본론보다는 도입부에 관심이 가게 되더군요.

도입부에 쓸 만한 내용에는 딱히 제한이 없지만, 일상적인 얘기를 화제로 삼는 것이 좋습니다. 예를 들면 이런 것들이 있겠지요.

:: 최근 ○○라는 책을 읽고 감동했습니다.

:: ○○ 세미나에 참가해서 ××를 배웠습니다.

:: 요즘 화제가 되고 있는 ○○에 가서 아이들보다 더 신나게 놀다 왔습니다.

:: 최근 도예를 배우기 시작했는데, 의외로 어려워서 애먹고 있습니다.

:: 얼마 전 전철 안에서 자리를 양보하는 젊은이를 보고 흐뭇한 마음이 들었습니다.

여기서 포인트는 '무엇을 했다'는 사실과 더불어, '그것을 통해 어떤 생각이 들었나?' 혹은 '그것을 보고 어떻게 느꼈나?'와 같이 자신의 감상까지 쓰는 데 있습니다. 자기 나름의 느낌이나 의견을 표현함으로써 상대방과 감정을 교류할 수 있기 때문이지요.

그리고 과거에 있었던 일이나 현재 하고 있는 일에 대한 것뿐 아니라, '언젠가 ○○을 해보고 싶다', '○○에 가보고 싶다'처럼 미래의 계획이나 희망에 대한 이야기를 적어보는 것도 좋습니다.

Business Writing #49

'가려운 곳을 긁어주듯이' 쓴다

이메일은 업무상 가장 많이 쓰이는 커뮤니케이션 수단입니다. 다른 매체들과 비교했을 때, 다음과 같은 장점들을 갖고 있기 때문이지요.

첫째, 신속 정확하게 전달된다.

둘째, 간편하게 주고받을 수 있다.

셋째, 비용 부담이 없다.

그러나 무엇보다 좋은 점은 다른 사람을 거치지 않고 바로 상대방에게 전달할 수 있다는 것 아닐까요?

또 전화나 편지로 하기에는 부담스러운 얘기를 손쉽게 할 수 있는 것도 장점입니다. 전화로 하기에는 성의 없어 보이고,

편지를 쓰기에는 자칫 무거워 보이는 메시지를 전달하기에 이메일은 가장 적합한 매체라고 할 수 있지요.

그럼에도 불구하고 이메일을 그저 업무 연락을 위한 수단으로만 쓰는 사람들이 대다수입니다. 그래서 이메일의 장점을 최대한 살릴 수 있는, 한 단계 업그레이드된 '이메일 활용법'을 소개하고자 합니다.

그 첫 번째 방법은 '가려운 곳을 긁어주듯이' 쓰는 겁니다.

예를 들어 고객으로부터 A라는 상품이 5개 필요하다는 메일을 받았다고 합시다. 그런데 마침 재고가 다 떨어졌다면, 여러분은 어떻게 답장을 쓰겠습니까?

> 죄송하지만 지금 A는 재고가 떨어졌습니다.

이렇게 쓰겠다는 사람, 안됐지만 불합격입니다.

> 죄송하지만 지금 A는 재고가 떨어졌습니다. 한 달 뒤에 입고될 예정입니다.

다음 입고 예정일을 쓴 것까지는 좋았지만 이번에도 합격이라고는 할 수 없습니다. 이렇게 쓰면 고객은 이번 주문이 유효한지, 아니면 일단 취소를 하고 다시 주문해야 하는지 알 수 없기 때문이죠.

그럼 이렇게 쓰는 건 어떨까요?

> 지금 A는 재고가 떨어졌습니다. 다음 입고 예정일은 한 달 후인데, 그때도 괜찮으시다면 우선 상품을 확보해두겠습니다. 어떠신지요?

한 달 뒤에 물건을 받아도 좋은지 물어보는 것은 고객에 대한 배려라고 평가할 수 있습니다. 이 정도로 쓰면 일단은 합격이지만, 그래도 '가려운 곳을 긁어주고 있다'고 하기는 힘듭니다.

'가려운 곳을 긁어주는' 이메일은 바로 이런 것이죠.

> 지금 A는 재고가 떨어졌습니다. 다음 입고 예정일은 한 달 후인데, 그때도 괜찮으시다면 우선 상품을 확보해두겠습니다. 만약 아주 급하신 상황이라면, A와 거의 성능이 같은 B 상품을 추천해드리고 싶습니다. B라면 지금 당장 보내드릴 수 있는데 어떠신지요?

오늘 속달로 B의 카탈로그를 보내드리오니 확인해보시고, B라도 괜찮으시다면 아래로 연락주시면 감사하겠습니다.

A를 주문한 고객들 중에는 한 달을 기다리느니, 비슷한 성능의 B를 구입하겠다고 하는 사람도 분명히 있을 겁니다. 그런 경우에는 이런 제안이 반갑게 느껴지겠지요.

그러니 문제가 발생했을 때는 다음과 같은 부분에 대해서 처음부터 확인하는 게 친절한 응대를 하는 데 도움이 됩니다.

:: 상대방이 무엇을 원하고 있는가?

:: 상대방이 무엇을 알고 싶어 하는가?

:: 상대방의 상황이 어떠한가?

:: 상대방에게 수고를 끼치지 않으려면 어떻게 해야 좋은가?

상대방의 입장에서 생각해보면 답은 의외로 쉽게 나옵니다.

Business Writing #50

사소한 부분까지 기억한다는 것을 보여준다

두 번째 이메일 활용법은 사소한 부분에서 감동을 주는 것입니다.

'그런 걸 다 기억하고 있다니…' 하는 놀라움이 들면 누구라도 감격하지 않을 수 없습니다. 사람은 자기를 기억해주는 사람에게 자연히 호감을 갖는 법이지요.

그러니 이메일을 쓸 때 이런 내용들을 한 줄씩 넣어준다면, 훨씬 더 정감 가는 사람으로 어필할 수 있습니다.

:: 무릎이 아프다고 하셨는데, 지금은 어떠신지요?

:: 중국에 다녀오셨다고 들었습니다. 여행은 즐거우셨나요?

:: ○○가 필요하다는 말씀을 들은 듯한데, 얼마 전 우연히 그것을 파는 곳을 찾았습니다.

이렇게 소소한 부분을 일일이 기억하려면 상대방의 얘기를 주의 깊게 듣지 않고서는 힘들겠죠. 그러니 잊어버리지 않도록 듣는 즉시 메모해두는 습관이 필요합니다.

'굳이 그렇게까지 해야 되나' 하고 생각하는 사람도 있을 겁니다. 하지만 '그렇게까지 하기 때문에' 인상에 남는 것이지요.

상대방의 근황을 기억하는 것 외에 상대방에 대한 관심을 드러내는 것도 한 방법이 될 수 있습니다. 아주 사소한 것이라도 상대방과 관련된 일에 대해 관심을 가져준다면, 여러분에 대한 신뢰와 호감이 틀림없이 올라갈 겁니다.

그러니 평소 이메일을 주고받을 때 이런 추신을 한 줄씩 넣어보세요.

:: 오늘 귀사에 대한 기사가 ○○신문에 실렸더군요. 정말 반가웠습니다.

:: 어제 ○○에 갔다가 선생님께서 설계하신 미술관을 보았습니다.

Business Writing #51

지적 사항은 '넌지시' 쓴다

세 번째 이메일 활용법은 상대방의 잘못된 점을 발견했을 때 그것에 대해 '넌지시' 쓰는 것입니다.

꼬투리나 흠을 잡으라는 말이 아니라, 관심과 애정을 표현하라는 얘기입니다. 지적을 한다는 건 상대방에 대해 그만큼 관심을 쏟고 있다는 뜻이기 때문이죠.

알기 쉬운 예를 들자면, 오탈자를 지적해주는 것이 있습니다.

오자나 탈자가 있으면 글에 대한 신뢰가 떨어질 수 있으니, 지적해서 고치도록 하는 게 상대방에게도 도움이 됩니다.

하지만 틀린 것을 지적받았을 때 기분 좋은 사람은 많지 않겠지요. 오히려 자존심 상해 하거나 창피하게 여기는 사람이 훨씬 많을 겁니다.

그렇기 때문에 지적을 할 때는 주의해야 할 점이 있습니다. 잘못된 점을 발견하더라도 '즉시' 지적해서는 안 된다는 것입니다. 한 번 정도라면 단순한 타이핑 실수일 수도 있기 때문이지요. 그러니 오탈자를 지적할 때는 여러 번 계속해서 똑같은 것을 틀릴 경우에 알려주는 게 좋습니다.

그리고 사무적인 태도로 지적하는 것도 금물입니다. "'이외'라는 글자는 틀렸습니다. '의외'라고 써야 맞습니다.'라고 윗사람이 지적하듯 한다면 누가 좋아하겠습니까.

이렇게 단순히 잘못된 사실만 지적하는 데 그치면 잘난 척한다고 오해받기 십상이겠죠. 오해를 방지하려면 가능한 조심스러운 태도를 보여야 합니다. 상대방의 입장이나 감정을 생각하면서, 다음과 같이 넌지시 지적해주는 게 포인트입니다.

> 추신 : 저도 예전에 누군가에게 듣고 알게 되었는데요. 이 경우에 '이외'는 '의외'라고 쓴다고 합니다. 실수로 잘못 쓰셨겠지만, 혹시나 해서 실례를 무릅쓰고 적어봅니다.

Business Writing #52

생일 축하 메시지를 보낸다

이메일 활용법의 마지막 네 번째 방법은 생일 축하 메시지를 보내는 것입니다.

아무리 나이를 먹어도 생일은 기쁘고 행복한 날이지요. 그렇듯 아무리 많이 받아도 지겹지 않은 게 생일 축하 아닐까요? 기대하지 않았던 상사나 동료, 거래처 담당자로부터 생일 축하를 받게 된다면 누구라도 기뻐할 겁니다.

축하 메시지는 그리 어렵게 생각하지 않아도 됩니다. 생일을 기억하고 있다는 것, 거기다 축하 인사까지 보내주었다는 것만으로도 상대방은 이미 충분히 고마워할 테니까요. 그저 '생일 축하합니다'라는 말과 함께 한두 마디를 덧붙이는 정도면 충분합니다.

정작 문제는 상대방의 생일을 어떻게 알아내느냐 하는 것입니다. 평소에 지나가는 말로 생일이 언제라고 하면 바로 적어놓는 게 가장 쉽고 간단한 방법입니다. 그렇게 사람들의 생일 리스트를 만들어두면 일일이 물어보는 수고를 덜 수 있겠죠.

참고로, 생일을 물어보는 방법으로 효과적인 것은 '점'을 화제로 삼는 겁니다.

"신문을 보니까 오늘은 물병자리 운세가 좋다던데, ○○ 씨는 무슨 자리인가요?" 하고 자연스럽게 별자리를 물어보는 것이죠.

상대방이 만약 '천칭자리'라고 대답하면 "천칭자리면 10월생이네요?"라고 넌지시 넘겨짚는 것입니다. 그러면 아마 상대방은 맞다고 하거나, 9월이라고 대답해줄 겁니다.

날짜까지 알고 싶다면 "9월 25일이 저희 회사 창립 기념일인데, 혹시 그날은 아니겠죠?"라고 농담 식으로 물어볼 수도 있습니다. 그렇게 되면 상대방도 자연스럽게 자기 생일을 가르쳐줄 것입니다.

만약 정확한 날짜를 모른다 해도 상대방의 생일이 몇 월인지만 알면, 그달 초에 미리 축하 메시지를 보내는 것도 괜찮습니다. 생일이 지난 뒤에 받는 축하는 별 감흥이 없지만, 미리 받으면 '아니, 벌써?' 하고 반가워할 테니까요.

정성스러운 마음을 전하고 싶은 사람이 있다면, 이렇게 간단하게나마 축하 메시지를 써서 이메일로 보내보세요.

> 이번 달이 생일이시지요?
> 좀 이른 감이 없지 않지만 미리 생일 축하드립니다.
> 올해도 예년처럼 하시는 일 잘 되시길 바랍니다.

마음의 여유가 없으면 자신에게 주어진 일을 처리하는 데 급급해서 글도 사무적으로, 꼭 필요한 내용만 쓰게 됩니다. 이메일에 짤막한 감사 인사 한 줄을 보태는 것도, 송부장을 손글씨로 써보려는 생각도 갖기가 어렵고요. 그런 의미에서 보자면 여유 있는 마음을 갖는 것은 이 책에서 소개한 모든 방법의 출발점이라고 할 수 있습니다.

마음을 움직이는 **감성적인 글쓰기**를 하자

13

Business Writing #53

상대방의 입장에서 매사를 생각한다

자, 이 책도 드디어 마지막 장이 되었습니다.

지금까지 제가 말씀드린 '마음을 사로잡는 비즈니스 글쓰기'의 포인트를 요약해보면 이렇습니다.

:: 어떻게 하면 상대방을 감동시킬 수 있을까?

:: 어떻게 하면 상대방의 인상에 남을 수 있을까?

:: 어떻게 하면 상대방에게 도움이 될 수 있을까?

저는 이 책을 통해 이 3가지 '어떻게 하면(how-to)'에 대한 나름대로의 생각을 풀어내보고자 했습니다.

논리적인 글쓰기가 '어떻게 하면 논리가 분명한, 알기 쉬운 문장을 쓸까?'를 목적으로 한다면, 감성적인 글쓰기는 '어떻게 하면 상대방을 배려하는 문장을 쓸까?'를 고민합니다.

이메일이 보편화되고 신속한 커뮤니케이션이 선호되는 요즘, 간결하고 명확한 논리적 글쓰기는 필수 불가결한 능력이라고도 할 수 있지요.

하지만 중요한 사실은 논리를 갖춘 글쓰기 방법만으로는 충분하지 않다는 것입니다. 다시 말하지만 논리적 글쓰기는 사회인으로서 갖춰야 할 최소한의 스킬이기 때문이지요. 즉 남들보다 한 발 더 앞서 나가기 위해서는 논리적인 글쓰기에 그칠 것이 아니라, 감성적인 글쓰기까지 완성해야 한다는 말입니다.

그럼 감성적인 글쓰기를 하기 위해 반드시 갖추어야 할 기본적인 3가지 자세를 다시 한 번 정리해보도록 하겠습니다.

먼저 첫 번째 자세는 '상대방의 입장에서 매사를 생각하는 것'입니다.

주변을 둘러보면 자기가 말하고 싶은 것만을 일방적으로 전달하거나, 심지어 자기 입장을 강요하는 듯한 글이 넘쳐납니다. 이런 글들을 접할 때마다 기분이 상하는 건 비단 저뿐만

이 아닐 겁니다.

반대로 상대방의 입장을 배려해서 쓴 글을 접하면 절로 기분이 좋아지지요. 애정과 관심이 담긴 글을 읽으면, 존중받고 있다는 생각이 들기 때문입니다. 그러므로 업무상 글을 쓸 때도 가급적이면 상대방의 입장을 고려하는 자세가 필요합니다.

하지만 막상 '상대방이라면 어떻게 느낄까?' 하고 생각해봐도, 판단이 어려운 경우도 많습니다. 그럴 때는 '이런 상황에서 나라면 상대방이 어떻게 해주길 바랄까?' 하고 자기 자신을 기준으로 생각해보는 것이 도움이 됩니다.

그러면 자연히 나에게 싫은 일은 상대방에게도 하지 않을 것이고, 내가 기쁠 만한 일은 상대방에게도 적극적으로 해주게 될 겁니다.

Business Writing #54

상대방에 대해 늘 관심을 갖는다

감성적인 글쓰기의 두 번째 자세는 '늘 상대방에 대해 관심을 갖는 것'입니다.

상대방에게 도움이 되는 정보를 제공해주고 싶어도, 무엇을 원하고 필요로 하는지 알지 못하면 적절한 정보를 찾아주기 힘들겠지요. 생일 축하한다는 편지를 보내는 것도, 새로 바뀐 헤어스타일이 잘 어울린다는 칭찬을 하는 것도, 모두 상대방에 대한 관심이 있어야 할 수 있는 일입니다.

그렇기 때문에 상대방에게 관심을 갖는 것은 감성적인 글쓰기, 즉 마음을 사로잡는 글쓰기를 하는 데 가장 필요한 자세라고 할 수 있습니다.

그럼 구체적으로 어떻게 하면 될까요?

기본적으로 상대방의 말과 행동을 늘 유심히 살펴보는 노력이 필요합니다. 입고 있는 옷에서부터 표정과 대화 내용에도 관심을 기울이고, 최근에 무슨 좋은 일은 없었는지 뭔가 변화가 생기진 않았는지 신경 쓰다 보면 상대방에 대한 많은 정보를 얻을 수 있습니다.

그리고 그런 사소한 것들이 하나하나 쌓이면, 상대방의 입장과 상황을 배려할 수 있는 글쓰기의 토대가 마련됩니다.

Business Writing #55

마음의 여유를 갖는다

마지막으로 감성적인 글쓰기의 세 번째 자세는 '마음의 여유를 갖는 것'입니다.

이건 좀 근본적인 문제라고 할 수 있는데, 사람인 이상 스스로 마음의 여유가 없으면, 다른 사람을 배려하는 마음을 갖기가 힘들게 마련입니다.

여유가 없는 상태에서는 주어진 일을 처리하는 데 급급해서 글도 사무적으로, 꼭 필요한 내용만 쓰게 됩니다. 이메일에 짤막한 감사 인사 한 줄을 보태는 것도, 송부장을 손글씨로 써보려는 생각도 하기가 어렵고요.

상대방의 입장에서 생각해보거나, 상대방에게 관심을 가지는 것도 다 마음의 여유가 있어야 가능한 일입니다.

자신의 문제만으로도 벅차다면 상대방은 아무래도 뒷전이

되기 쉬우니까요.

그런 의미에서 보자면 여유 있는 마음을 갖는 것은 이 책에서 소개한 모든 방법의 출발점이라고 할 수 있습니다.

바쁜 업무 속에서 하루 24시간 늘 마음을 편하게 먹기란 쉬운 일이 아닙니다.

그러나 하루 한 번 이메일을 쓸 때만이라도 여유를 갖는 정도라면, 그리 어려운 일은 아니라고 생각합니다. 받는 사람의 마음이 따뜻해지는 한 통의 이메일을 보내는 것만으로도 참 의미 있는 하루가 되지 않을까요?

그런 작은 마음의 여유를 갖는 일부터 시작해보기 바랍니다.

:: 끝인사

마지막으로 독자 여러분께

먼저, 끝까지 읽어주신 독자 여러분께 감사드립니다.

이모셔널 라이팅에 대한 책 내용은 어떠셨는지 궁금합니다.

첫머리에도 썼습니다만, 저는 이모셔널 라이팅이라는 것에 눈을 뜨고 그것을 실천하게 되면서부터 저 자신도 놀랄 정도로 인생이 바뀌었습니다.

물론 원인은 그게 전부가 아닐지 모르지만, '나 중심'에서 '상대방 중심'으로 생각의 축을 바꾼 것이 인생의 커다란 전환점이 되었음은 분명합니다.

무미건조하고 사무적인 문서들이 넘쳐나는 와중에, 인간미가 느껴지는 감성적인 한 줄의 글은 사람들의 눈길을 끌고 마음을 사로잡습니다. 그것은 때로 잔잔한 감동이 되기도 하고, 위로가 되기도 합니다.

아주 조금 생각을 바꾸는 것만으로,
아주 조금 공을 들이는 것만으로,
여러분의 글은 마음을 사로잡는 매력적인 글로 바뀔 것입니다.

여러분이 쓰는 문장으로 주위의 여러 사람이 행복해지기를 바랍니다.

Business Writing ::

부록

#1 비즈니스 글쓰기의 4가지 기본 원칙

#2 비즈니스 글쓰기에서 활용할 수 있는 마음을 사로잡는 문장 예시

칭찬하고 싶을 때 / 감사하고 싶을 때

부탁하고 싶을 때 / 격려하고 싶을 때

의욕을 불어넣고 싶을 때 / 권유나 제안을 거절하고 싶을 때

사과하고 싶을 때 / 독촉하고 싶을 때

납기일을 연장하고 싶을 때 / 실수를 지적하고 싶을 때

APPENDIX

appendix #1 비즈니스 글쓰기의 4가지 기본 원칙

제가 이 책에서 제안한 '마음을 사로잡는 글쓰기 방법'들은 비즈니스 글쓰기의 구체적인 테크닉입니다. 그것을 적절히 활용하려면, 그에 앞서 비즈니스 글쓰기의 기본이 되는 내용을 먼저 알아둘 필요가 있습니다.

그래서 여기서는 비즈니스 글쓰기를 위한 4가지 기본 원칙을 정리해보도록 하겠습니다. 상식적인 내용이지만, 기본기를 되새겨본다는 의미에서 꼼꼼히 읽어주시기 바랍니다.

① 목적을 분명히 알고 쓴다

비즈니스 글쓰기를 할 때 가장 먼저 해야 할 일은 '왜 이 글을 쓰는가?' 하는 목적을 분명히 파악하는 것입니다.

예를 들어 인사장이라면 상대방의 안부를 물으며 인사를 전하는 동시에, 자신에 대한 좋은 인상을 남기는 것이 목적이겠지요. 독촉장이라면 일이 늦어지는 것을 단순히 지적하기보다는 하루라도 빨리 일을 끝마칠 수 있도록 하는 게 목적이겠고요.

당연한 말을 뭘 하러 하나 싶겠지만, 의외로 많은 사람들이 글 속에 명확한 목적을 담아내는 데 서툽니다. 그래서 결국 무슨 말을 하는지 알 수 없는 글이 되거나, 전혀 의도하지 않은 반응을 끌어내기도 합니다.

목적을 의식하지 않고서 쓴다면, 글의 초점이 맞지 않거나 꼭 써야 할 내용을 빠트리기 쉽습니다. 그러니 글을 쓰기 전에 반드시 '왜 쓰는가?', '목적은 무엇인가?'를 분명히 한 뒤, 그 점을 항상 염두에 두면서 쓰도록 합시다.

② 결론부터 쓴다

일반적으로 글의 기본 구조라고 하면 '기승전결'을 떠올리게 됩니다. 그러나 비즈니스 글쓰기에서는 이렇게 점층적으로 전개되는 구성이 적합하지 않습니다. 오히려 효율적인 커뮤니케이션을 방해하기 때문이지요.

업무상 글을 쓸 때는 '결론'부터 먼저 쓰고, 나중에 '근거'를 쓰는 것이 원칙입니다. 보고를 할 때도 '결과'부터 알린 뒤에 '원인'을 쓰고, 설명이 필요한 경우에도 '개요'부터 밝히고 나서, 상세한 '내용'을 설명해야 합니다.

③ 알기 쉽게 쓴다

알기 쉬운 문장을 쓰기 위해서는 다음과 같은 사항을 염두에 두기 바랍니다.

:: 한 문장을 짧게 쓴다(대략 30자 이내).

:: 각각에 해당되는 내용을 항목별로 쓴다.

:: 어려운 표현이나 한자 등은 되도록 피한다.

:: 흔히 쓰지 않는 외래어는 가급적 사용하지 않는다.

:: 전문 용어나 업계 용어는 상대를 봐가며 쓴다.

:: 오해를 불러일으킬 만한 표현은 피한다.

④ 보내기 전에 다시 한 번 체크한다

글을 다 쓴 다음에는 상대방에게 보내기 전에, 반드시 다시 한 번 살펴보아야 합니다. 이때 확인해야 할 체크 리스트는 다음과 같습니다.

:: 오자나 탈자는 없는가?

:: 문법에 맞지 않는 문장은 없는가?

:: 경어는 제대로 사용했는가?

:: 내용상의 오류는 없는가?(일시, 금액, 수량, 장소, 연락처 등)

:: 빠트린 내용은 없는가?(5W3H로 체크)

Who(Whom) 누가(누구에게) : 대상

When 언제 : 일시, 기한

Where 어디에서 : 장소

What 무엇을 : 목적

Why 왜 : 이유, 근거, 원인

How 어떻게 : 내용, 방법, 수단, 대책

How much 얼마 : 금액, 가격, 참가비

How many 몇 개 : 수량, 인원

appendix #2 비즈니스 글쓰기에서 활용할 수 있는 마음을 사로잡는 문장 예시

칭찬하고 싶을 때

상사나 선배에게

:: 팀장님 센스는 역시 남다르십니다.

:: 저도 선배님처럼 되고 싶습니다.

:: 역시 판단력이 뛰어나시네요.

:: 과장님의 말씀을 들으면 늘 배울 게 많습니다.

:: 능력 있는 사람은 결단이 빠르다고들 하는데, 대표님을 보면 정말 그렇구나 하는 생각이 듭니다.

:: 과장님 뒤를 평생 따라가고 싶습니다.

:: 팀장님의 부하 직원이라서 정말로 뿌듯합니다.

:: 선배님과 있으면 왠지 의욕이 막 솟아나요.

부하 직원에게

:: 요즘 고생이 많지?

:: 자네한테는 뭐든 안심하고 맡길 수 있어서 좋아.

:: ○○ 씨는 항상 일처리가 빨라.

:: 요즘 의욕이 넘치는 게 느껴져.

:: 원가 개념에 대한 거라면 자네를 따라올 사람이 없어.

:: 잘 따라와줘서 얼마나 기특한지 몰라.

:: 지난 6개월 동안 많이 성장했다는 생각이 들어.

:: 이번 프레젠테이션은 굉장히 좋았어. 사장님도 칭찬하시더군.

:: ○○ 씨는 일을 요령 있게 잘 가르치네. 이번 신입사원들도 참 알기 쉽다던데.

고객에게

:: 역시 안목이 높으시네요.

:: 이 제품은 고객님처럼 지적인 분들이 선호하세요.

:: ○○에 대해 정말 잘 아시네요. 혹시 이 분야 전문가신가요?

:: 고객님처럼 보는 눈이 있는 분이 써주신다면 더 좋겠지요.

:: 역시 능력 있는 분은 결단이 빠르시네요.

:: 이런 날카로운 질문을 하신 분은 고객님이 처음입니다.

거래처에

:: 귀사를 방문할 때마다 항상 기분이 좋네요.

:: 적극적으로 협조해주신 덕분에 일처리가 빨라졌습니다.

:: 귀사(○○ 씨)를 만난 건 제게는 정말 행운입니다.

:: 귀사(○○ 씨)를 소개해주신 ×× 씨에게 감사하고 있습니다.

:: 저의 상사 분들도 감사하다는 말씀을 전해달라고 하셨습니다.

감사하고 싶을 때

상사나 선배에게

:: 항상 가르쳐주셔서 감사드립니다.

:: 그때 칭찬해주셔서 정말 기뻤습니다.

:: 선배님은 누구보다 가깝게 느껴집니다.

:: 지금의 제가 있는 건 선배님 덕분입니다.

:: 저도 팀장님 같은 상사가 되고 싶습니다.

:: 미숙한 점이 많은데도 늘 이해해주셔서 감사합니다.

부하 직원에게

:: ○○ 씨 덕분에 정말로 큰 도움이 되었어. 늘 고맙게 생각해.

:: 자네 같은 뛰어난 부하 직원을 둬서 정말 뿌듯하네.

:: ○○ 씨에게 부탁하길 정말 잘했어. 고마워.

:: 자네 덕분에 우리 회사 이미지가 정말 좋아졌어.

:: ○○ 씨의 참신한 아이디어가 많은 도움이 되었어.

거래처에

:: 늘 세심한 배려에 정말 감사드립니다.

:: 늘 도와주셔서 정말로 감사합니다.

:: 이렇게 따뜻한 기분이 든 건 처음입니다.

:: 진심으로 감사하고 있습니다.

:: 어떻게 감사의 인사를 드려야 할지 모르겠습니다.

:: 제가 뭔가 해드릴 수 있는 일이 있다면 언제라도 말씀해주십시오. 기꺼이 도와드리겠습니다.

:: 덕분에 이번 계약을 성사시킬 수 있게 되었습니다.

부탁하고 싶을 때

상사나 선배에게

:: 바쁘시리라 생각합니다만….

:: 이런 일로 팀장님께 수고를 끼치고 싶지 않았는데….

:: 아무리 해도 잘 되지 않아서…. 좀 가르쳐주시지 않겠습니까?

:: 대표님의 고견을 듣고 싶습니다.

:: 선배님의 지혜가 꼭 필요합니다.

:: 만전을 기하기 위해서라도 꼭 이사님의 힘을 빌리고 싶습니다.

부하 직원에게

:: 이건 ○○ 씨의 전문 분야로 알고 있는데….

:: 자네밖에 할 사람이 없다고 생각하네.

:: 자네라면 3시간이면 충분히 할 수 있을 거야.

:: ○○ 씨라면 틀림없이 해낼 수 있을 거라고 믿네.

:: 회사에서도 ○○ 씨에게 큰 기대를 걸고 있어.

:: 이제 이런 일에도 도전해볼 때가 된 것 같아.

:: 이 일은 자네에게 굉장한 기회가 될 거라고 생각해.

거래처에

:: 바쁘신 줄은 압니다만….

:: 무리인 줄 알면서도 부탁드립니다.

:: 이 기획을 추진할 수 있는 건 귀사밖에 없다고 생각합니다.

:: 이 일이 완성되면 귀사의 대표작이 될 것이라고 감히 자신합니다.

:: ○○의 보급에 귀사의 힘을 빌릴 수 있었으면 합니다.

:: 부디 협력해주시면 감사하겠습니다.

격려하고 싶을 때

부하 직원에게

:: 쉬엄쉬엄해. 너무 무리하지는 말고….

:: 괜찮아. ○○ 씨라면 잘할 수 있어.

:: 무슨 일이 생기면 내가 뒷받침할 테니 맘껏 해봐.

:: 이번 일이 잘되면 자신감도 더 커질 거야.

:: 사장님도 굉장히 기대하고 계셔.

:: 이번 일만 끝나면 술 한잔 살게.

:: 지나간 일은 잊고, 앞으로의 일만 생각해. 잘할 수 있어.

:: 점점 좋아지고 있는걸!

:: 오늘은 일찍 집에 가서 쉬도록 해.

:: 피곤한 것 같은데, 좀 쉬는 게 낫지 않아?

:: 괜찮아. 분명 잘될 거야.

:: 걱정하지 마. 내가 있잖아.

:: 편안한 마음으로 하자!

의욕을 불어넣고 싶을 때

부하 직원에게

:: 정말 굉장하군!

:: 역시 자네야!

:: 우리 힘을 합쳐서 열심히 한번 해보자고.

:: ○○ 씨라면 틀림없이 할 수 있다고 믿어.

:: 내가 기댈 수 있는 건 ○○ 씨밖에 없어.

:: 이번 일은 자네에게 굉장한 기회가 될 거야.

:: 이번 일은 모두에게 큰 의미가 있는 일이야.

거래처에

:: 이 일이 잘 되면 다음번에도 다시 한 번 부탁드리고 싶습니다.

:: 많은 고객들이 신규 버전 출시를 기다리고 있으니, 조금만 더 힘내주시길 부탁드립니다.

권유나 제안을 **거절**하고 싶을 때

상사나 거래처에

:: 지금 약을 복용하고 있어서 아쉽지만 술은 마시기가 힘듭니다.

:: 도전해보고 싶은 일이기는 하지만, 저는 아직 역부족이라고 생각합니다.

:: 하고 싶은 마음은 간절하지만 일정상 무리라는 생각이 듭니다.

:: 너무 과분한 제안입니다만, 쉽게 받아들였다가 오히려 폐를 끼치느니 정중히 사양하는 편이 나을 것 같습니다.

사과할 때

:: 이번에 ○○ 건으로 크나큰 폐를 끼쳐드려서 정말로 죄송합니다.

:: 화를 내시는 게 당연하다고 생각합니다.

:: 제가 과장님 입장이었더라도 화가 났을 겁니다.

:: 이번 일은 변명할 여지도 없습니다. 죄송합니다.

:: 정말 어떤 말로 사과드려야 할지 모르겠습니다.

:: 두 번 다시 이런 일이 없도록 시정 조치하겠습니다.

독촉하고 싶을 때

:: 직원 모두가 완성을 손꼽아 기다리고 있습니다.

:: 이제 슬슬 기한도 다 되어가고 있으니, 조금만 더 분발해주시면 좋겠습니다.

:: 진척 상황은 어떠신지요? 저희가 도와드릴 수 있는 일이 있으면 뭐든 말씀해주세요.

:: 납기까지 앞으로 ○일이 남았는데, 그때까지 맞출 수 있으신가 궁금해서 미리 여쭤봅니다.

납기일을 **연장**하고 싶을 때

:: 만전을 기하기 위해 마무리를 꼼꼼하게 하고 있으니, 앞으로 이틀만 더 기다려주실 수 없으신지요?

:: 무리인 줄 알면서 부탁드립니다만, 보다 좋은 상태로 보내드리기 위해 앞으로 10일만 더 기다려주시길 부탁드립니다.

실수를 **지적**하고 싶을 때

부하 직원에게

:: 여기는 A가 아니라 B라는 생각이 드는데….

:: 이것만 고치면 완벽해.

:: 이 정도로 끝나서 다행이야.

:: 빨리 알아채서 다행이야.

:: 하마터면 나도 못 보고 지나칠 뻔했어.

:: 어떻게 된 거야? 자네답지 않게…. 요새 많이 피곤한가?

:: 이 정도 실수는 괜찮아. 대신 다음부터는 신경 쓰도록 해.

:: 이런 실수는 나도 옛날에 많이 했지. 틀리기 쉬우니까 조심하도록 하게.

:: 두 번 다시 이런 일이 일어나지 않도록 방법을 같이 찾아보세.

거래처에

:: 단순한 실수라고는 생각합니다만….

:: 그저 계산 착오이기를 바랍니다.

:: 이번 문제는 유감이지만, 다음번을 기대하겠습니다.

:: 문제가 이 정도에 그쳐서 다행입니다만, 다음엔 더 각별히 신경 써주시기 바랍니다.

:: 제 기억이 맞다면 여기에는 ○○가 들어가야 한다고 생각합니다만….

:: 이런 실수가 두 번 다시 일어나지 않기 위해, 저희가 할 수 있는 일이 있다면 말씀해주십시오.

:: 저희 쪽에서 지시 사항을 전달할 때, 뭔가 빠트린 게 있었던 모양입니다.

이기는 습관 1

전옥표 지음 | 12,000원

애니콜, 하우젠 신화를 만든 마케팅 달인이자, 꼴찌조직을 1등으로 끌어올린 명사령관 전옥표가 말하는 '총알같은 실행력과 귀신같은 전략으로 뭉친 1등 조직의 비결'! 동사형 조직, 지독한 프로세스, 규범이 있는 조직문화 등 실천적인 지침을 담았다. (추천 : 경영자에겐 조직단련의 방법론, 직원에겐 행동강령을 제시해줄 일터의 필독서)

이기는 습관 2

김진동 지음 | 12,000원

'적당히 잘하고 있다'는 위안, '이 정도면 됐다'는 안도 따위는 버려라. 비효율과 나른한 조직문화를 척결해 소니코리아에서 1년 만에 매출 1.5배 창출, 위니아만도에서 수익 3.5배 실현을 만들어낸 김진동의 현장노하우. 원칙을 심고 기본기를 튼튼히 하는 명조련사, 김진동식 조직단련법! (추천 : 이기는 조직을 위한 원칙과 기본기를 알려주는 책)

비서처럼 하라

조관일 지음 | 12,000원

삼성그룹 사장단의 47%가 비서실 출신. 회사의 핵심인재이자 히든 브레인, CEO의 비밀병기이자 준비된 1인자, 비서들의 10가지 행동방식을 통해 '비서처럼' 일해야 하는 이유와 그 결과를 명확히 정리한다. (추천 : 사회초년생에게는 올바른 성공의 길을 알려주고, 힘껏 달려온 상사에게는 따뜻한 위로와 공감을 주는 책)

가슴 뛰는 삶

강헌구 지음 | 13,000원

꿈을 꿈으로만 남겨두지 마라. 간절히 원하는 그 모습으로 살아라. 가슴 벅찬 삶을 사는 법에 관한 '비전 로드맵'. 인생의 비전을 찾지 못한 이에게는 통찰과 작심을, 현재의 자리에서 머뭇거리고 있는 이에게는 돌파와 질주의 힘을 주는 책. (추천 : 꿈을 찾지 못한 중고생과 대학생, 그리고 좌절의 길에서 주춤하고 있는 직장인들을 위한 책)

하이퍼포머-성과로 말하는 핵심인재

류랑도 지음 | 13,000원(개정증보판)

뛰어난 성과와 열정으로 무장한 인재, '하이퍼포머'. 이 책은 하이퍼포머의 일하는 습관, 성과를 내는 방식, 직장 내에서의 커뮤니케이션 방식 등 핵심적인 노하우만을 뽑았다. '성과경영 사상가' 류랑도 저자가 직접 기업과 개인을 가르치며 얻은 에센스만 엄선했다. (추천 : 팀원들에게 성과에 대한 투철한 마인드와 행동력을 심어주는 책)

:: 함께 보면 좋은 책들 ::

히든 커뮤니케이션

공문선 지음 | 12,000원

인간관계의 9할은 심리전이다! 잘 다듬어진 손짓, 표정, 질문은 논리정연한 백 마디 말보다 강하게 상대의 마음에 꽂힌다. 말 때문에 경쟁에서 밀리고 싶지 않을 때, '내 사람'을 만들고 싶을 때, '히든 커뮤니케이션'에서 해답을 찾아라!
(추천 : 사회초년생 및 직장인들에게 풍성한 인간관계를 쌓는 유용한 지침을 주는 책)

일 잘하는 사람의 커뮤니케이션

윌리엄 장 지음 | 12,000원

보고, 회의, 협상 등 업무 상황별로 필요한 커뮤니케이션 전략부터 상사나 동료와의 대화를 통해 관계를 다지는 법, 업무에 임할 때 기본적으로 갖추어야 할 마인드까지, 그야말로 '업무에서 바로 써먹을 수 있는 커뮤니케이션 기술'을 알려주는 업무 커뮤니케이션 매뉴얼. (추천 : 직장내 커뮤니케이션에 애로를 겪는 입사 초년생들의 필독서)

먹히는 말

프랭크 런츠 지음 | 채은진 · 이화신 옮김 | 15,000원

미국 최고의 여론전문가이자 연설전문가, 이 시대 최고의 언어코치인 저자는 대중을 사로잡은 명연설·명카피에서 찾아낸 '효과적인 언어 규칙'을 통해 청자의 무의식에 침투해 사고를 장악하고 행동을 이끌어내는 말의 실체를 알려준다. (추천 : 마음을 움직이고 행동을 이끌어내는 커뮤니케이션이 필요한 모든 사람을 위한 책)

에너지 버스

존 고든 지음 | 유영만 · 이수경 옮김 | 10,000원

당신의 인생과 당신의 일터를 열정의 도가니로 만들어줄 책! 삶과 비즈니스의 소중한 교훈이 한 편의 스토리 속에 고스란히 녹아 있어, '에너지 뱀파이어'들로부터 자신을 보호하고, 무한의 열정 에너지를 주위 사람들에게 전파시키는 신나는 인생을 사는 방법을 잘 알려준다. (추천 : 조직 활성화와 팀워크 증진에 탁월한 도움을 주는 책)

에너지 버스 2

존 고든 지음 | 최정임 옮김 | 12,000원

50만 독자들을 열광의 도가니로 빠뜨린 《에너지 버스》, 그보다 더욱 강력해진 실천적 메시지를 담은 2편! 무기력을 확산시키고 스스로를 좌절하게 하는 '불평불만'과 결별하는 방법을 명쾌하게 다뤘다. 읽는 것만으로 긍정 에너지가 팍팍 샘솟는다.
(추천 : 긍정의 조직문화, 열정과 에너지 넘치는 삶과 일터를 위한 가장 명확한 가이드)

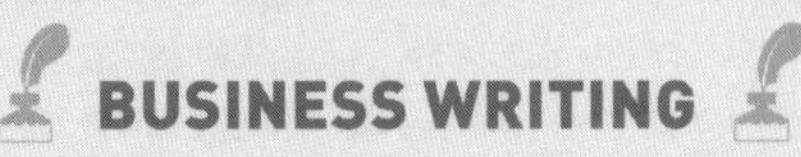
BUSINESS WRITING